自愛至上♡

[illegible]

從外遇洞察人心

療癒創傷與重建信任

INSIGHTS INTO THE HUMAN HEART
FROM INFIDELITY

專業諮商心理師 林萃芬 著

推薦序——

修復破碎婚姻：外遇後如何重建信任與愛

資深婚姻諮商專家與專欄作家、東吳大學心理系兼任副教授　林蕙瑛博士

現代社會中，離婚與外遇的數量越來越高。外遇是無法得到確切數據的，因為受傷者面上無光，行為人也不願張揚，多數情況下，他們選擇靜悄悄地離婚；但也有少數伴侶或夫妻珍惜他們辛苦營建的家庭，選擇重回婚姻。不論是離婚或復合，個人的心路歷程及療傷時間是艱難且費時的，尤其是受傷的伴侶。因此，在外遇中及外遇後的諮商，成為了伴侶諮商及婚姻治療中重要的議題與實務。

■深入外遇心理揭示隱藏真相，提供轉化創傷為力量的途徑

林萃芬心理師是名作家，也是諮商心理師。她文筆細膩，以深入淺出的方式分析男性和女性有外遇的因素，探討其內心深處的思維。她淋漓盡致地破解了一般人對外遇的迷思，也探討了第三者的普遍心理狀態及其對夫妻關係重建的影響。

作者擅長觀察、同理並接收外遇受傷者的各種情緒，先進行安撫，再深入分析情緒源頭，教導化解憤怒。接著，她會回顧童年的個人史與家庭史，瞭解過往創傷對親密關係的影響，引導改變認知與行為。她強調改變的理由「不在於自己是否做錯事，而是為了瞭解雙方的成長經驗如何交互作用，進而重新調整出雙方都感到舒適自在的相處方式。」

■愛的重建從信任開始，行動證明真心

對於選擇破鏡重圓的夫妻，重建信任是第一步。信任不僅是口頭保證，而是必須去贏得，也就是需要特定的行為改變。臨床心理師珍妮絲・亞伯拉罕・史普林博士，信任、親密及寬恕領域的專家，在她的書中曾說：「信任是一種微妙纖細、捉摸不定的禮

物，只有隨著時間，經由堅守忠誠和不斷地努力，才能贏得。」

萃芬心理師強調，有意願的雙方都要勇敢地讓自己改變，可能只有這一次機會，共同參與療癒過程，重新認識，瞭解彼此，並建立溝通的平台。她鼓勵無論是有外遇的伴侶或受傷的伴侶，都需學習更多，練習更有建設性地溝通，建立基本的信任感，才能恢復性愛親密關係並達到原諒。

本書的特色之一是提供了「精神外遇徵兆」及「外遇體質的診斷」測驗，提醒讀者留意關係中的互動。而「性慾望自我評估量表」則用於檢視自己的性慾並回顧與伴侶的性生活，適合與諮商心理師討論。透過學習表達感情及性溝通，可以促進性關係的正向互動，進而邁向更親密的關係。

■開啟心靈療癒之旅，啟迪關係重建智慧

身為心理學教授及助人專業實務工作者，本人曾在研究所開設「外遇問題與輔導」課程，辛苦準備教材，並以國外文獻及書籍為理論基礎，佐以國外案例及我個人的外遇案例輔導經驗作為實務說明。如今，林萃芬心理師的新作《從外遇洞察人心：療癒創傷

與重建信任》，完整地融合了她的實務經驗，整理成有系列分析及輔導策略的本土外遇心理專書，終於可以成為我日後教學的原文中文教科書。

本書堪稱外遇諮商寶典，不僅適合一般民眾閱讀，心理健康照護人員也應該閱讀。它不僅深入解析外遇的本質和影響，還能有效地協助病人或案主透過外遇事件洞察彼此關係問題，鼓勵他們採取行動來重建自我或雙人關係。

有外遇困擾的伴侶或夫妻可能因這本書而重新戀愛，破鏡重圓；而沒有外遇的伴侶或夫妻也會通過閱讀這本書瞭解預防的重要性，從而變得更親密。

既然是好書，讓我們每人都擁有一本吧！

推薦序——

自我定義、自我看待、自我對待

《原生家庭木馬快篩》作家　李欣頻

外遇、出軌……多半是原生家庭負向感情木馬模組的變化題，再再考驗我們究竟是怎麼定義自己、看待自己、對待自己，以及檢視自己怎麼定義愛、體驗愛——萃芬姐這本《從外遇洞察人心：療癒創傷與重建信任》就特別重要，讓更多正在溺水窒息的人可以即時自救上岸！

推薦序——

願因出軌受苦的臉譜，終能在沉痛裡開出花來

愛心理創辦人　吳姵瑩心理師

在我的諮商經驗中，有很大一部分的人因為情感困擾而來，而其中讓很多人痛苦折磨的，是外遇背叛的傷痛。常有人問我，這個傷會好嗎？我該如何放下？為什麼他要這樣對我？為什麼我們變成這樣？在經歷出軌的劇痛後，大量的問題待解，而往往當事人也被無止盡的「為什麼」折磨不已，一邊在心靈裡感受著暗無天日與撕心裂肺的疼痛，一邊在思緒裡沉浸在彷若沙漠風暴般擊打不斷的巨大塵埃，一邊則是在生活上行動上像是陷入泥濘般的寸步難行。

■出軌心理：疼痛、原諒與愛的復原之路

看過這麼多張因出軌而受苦的臉譜，也因受苦而讓更多愛而不得的靈魂開始嘗試去理解，去探究我們心靈深處的未知。從渴望理解對方的行為中，一步步進行更多自我剖析，甚至開始學習疼惜自己與愛自己。很多人在出軌後的修復中，也許感到漫長的旅程，也許經歷反覆無常，有時覺得自己好上許多，有時又感覺自己跌落谷底；而這些其實都是復原之路的正常風景，即使很多人並不喜歡人生必須走上這段路徑。

出軌有多痛，有多無力無助與難熬，出軌後重建信任有多複雜困難。兩人就如同走在蛋殼上的情感，變得脆弱無比。很多出軌者甚至覺得，自己已經下跪道歉，為什麼還得不到真正的原諒？已經說了要原諒繼續走下去的伴侶，為什麼午夜夢迴時還會開啟無止盡的指責？為什麼昨晚的觸膝長談到了今晚又一切歸零？究竟該跪上幾夜的算盤，對天發上多少毒誓，想要繼續走下去的真心才會被看見？出軌後的傷，在這些你傷害我，我很痛苦卻又無法克制折磨你的過程中，你被折磨後又退卻，我看到你退後的樣子，又再次崩潰抓狂。他們每天上演著這樣的舞步，直到筋疲力竭。

■心理之痛：理解、療癒與出軌後的重建

也許出軌與被出軌，都可以被好好理解，經過分析後，重新選擇對待彼此的方式。被出軌者的具象化就如同被推下滿是荊棘的山谷，在山谷的荊棘上，感受著身上多處骨折，身體多處被刺穿的傷口，挪動一下身體就像萬隻螞蟻爬滿身體的凌遲感，而出軌者有時依舊好端端地站在山尖上，可能還衣衫整齊、健步如飛地對著山谷的另一半說：「你快點振作起來，我們還要繼續走下去啊！」殊不知山谷下的另一半，正動彈不得，疼痛到已經說不出話來。

有時候，山谷下的另一半需要的，可能是感同身受的痛苦，也因此他們可能會做出各種報復和傷害的舉動，從而讓外遇後的關係更加撕裂，更難修復，或是選擇繼續相互折磨、不願放手。這當中的心路歷程、心境轉折、自我修復與彼此療癒，包含了許多重要的知識和觀念。萃芬在這本書中細緻地分析了各種出軌心理和歷程，相信瞭解之後，可以幫助許多經歷出軌外遇者更快地理解和接納自己，減少自責和自我批判，也能夠帶著覺知地走向療癒與修復。

■碎裂中綻放：療癒之旅與心靈的覺醒

人生，往往因為碎裂而綻出光芒，因為疼痛而開始覺醒。有時，正是滿地的泥濘，滋養了美麗的花朵，在嚴峻的生命體悟中，揮灑了個人的色彩。我相信，因受苦而曾扭曲或漠然的臉龐，終將在淚水的刷洗下，長出滋養自己與他人的力量。

我所認識的萃芬，是個假日需要特別約出來的人，不然她會一直埋首於工作。她對專業高度專注且不遺餘力，每次都被她的鞠躬盡瘁的精神振奮且啟發。當我每次遇到瓶頸時，她總能適時鼓勵我；當我疲憊時，她總能激勵並支持我。也因為這份對專業的熱情與付出，相信這本《從外遇洞察人心：療癒創傷與重建信任》可以幫助許多在情海裡浮沉的受傷靈魂，以及在諮商學習中希望更快掌握當事人內心脈動的專業工作者，更全面且有效地學習。

推薦序——

當婚姻被外遇擊沉，你需要的心理健康指引

臨床心理師　黃惠萱

「心理師，不好意思跟你臨時加約時間。昨晚看見他手機裡的訊息，我一整晚都沒睡，我好氣，好恨喔！現在腦子很亂，不知道自己現在該怎麼辦！」因為發現外遇而緊急預約諮商時間，這類情況在晤談室裡並不少見，想談親密關係的求助者，有一半以上都是為了解決關係裡的信任危機。當穩定的承諾關係出現「外遇」時，受傷的另一半最想問的問題是「他為什麼要這樣對我？」、「我的痛苦是正常的嗎？」、「我接下來該怎麼辦？」、「我／我們還能恢復嗎？」這些疑問，你在這本書都能找到答案。

■他為什麼要這樣對我？

遭逢外遇的最初階段，就是腦中不斷詢問「為什麼會這樣？」在遭遇毫無頭緒的突發事件時，若能對該事件有更多知識上的理解，有助於提升掌控感，讓情緒變得平靜。

萃芬心理師在這本書裡幫讀者整理出外遇的徵兆，提醒讀者注意可能引發外遇的事件、幫讀者們分析男性和女性情感出軌的心理狀態，甚至將第三者心理與應對之道都寫得清楚明白。

■我的痛苦是正常的嗎？

外遇事件足以構成心理創傷，而親密關係裡的傷害，其複雜程度很難為外人所知。很多來晤談室求助的當事人，甚至是因為被他人質疑反應過度，所以想尋求心理專業，想知道有問題的人是不是自己。

本書的第二篇談療癒外遇創傷，可以讓人清楚瞭解，在外遇事件中的人會產生哪些情緒反應。其中最經典的就是「連結作用」，在兩人關係信任崩潰之後，即便後來外遇關係已經徹底中斷，「第三者」仍會長期存在於受傷者的腦海裡，不管身處快樂或悲傷情境，不斷亂入在受傷者的生活中，還會勾起成長經驗中的情感挫折。

現在與過去的痛苦經驗加在一起，足以想見外遇創傷帶來的情緒強度有多大，療癒過程所需的時間超乎常人預期。如果你或是周遭親近的人，身處外遇風暴中，記得提醒自己和對方，請允許自己以適合自己的速度療傷，可以哭，可以慢，總會有逐漸好轉的一天。

■我接下來該怎麼辦？

外遇發生了，接下來該怎麼辦呢？因為親密關係裡的出軌至少涉及三個人，如果最終決定繼續兩人的親密關係，也不是光靠受傷者一個人努力就可以做到的事。那麼，想要修復婚姻關係，外遇者要做些什麼呢？

外遇者需要成為受傷者的「情緒容器」，一次次聆聽並陪伴受傷者再度浮現的傷痛，而不是因為自己的心理壓力而表現出「快點翻篇」的態度，或是將對方的激烈情緒當成疾病，企圖減輕自己應負的責任。後者的做法無助於修復關係，反而會造成受傷者的二度傷害。

萃芬心理師最令我佩服的部分，是在療癒外遇創傷時，她同等重視外遇者與受傷者兩方的心理狀態，讓伴侶間的修復之路不會變成一面倒的責備與贖罪，而是在彼此同理、互相扶持的狀態下，共同療癒自己並修復關係。

■我／我們還能恢復嗎？

每個正陷入外遇風暴中的人都會懷疑「我／我們還能恢復如初嗎？」被背叛之後要重建信任十分困難。萃芬心理師清楚列出評估對方是否可信的行為指標，我相信這對許多不諳世事、容易被欺瞞、或開始嚴重自我懷疑的讀者有很大的幫助。像是檢視對方「說的」與「做的」是否一致，以及細想對方言行背後的意圖是否著重於「保護他自己不受傷」等，都是很好的提醒。

萃芬心理師陪伴過許多受到外遇破壞關係的求助者，見證過重建信任後更加堅固的親密關係。所以本書後半部也以修復關係為目標，我相信這對想要挽回關係的讀者無疑是一劑有利的強心針！

不論最後你是否選擇繼續原本的親密關係，我覺得這本書都可以幫助你在外遇風暴中看得更清楚，想得更明白，走得更踏實。不論你最後能否修復對伴侶的信任，好好療癒自己，認真思考「我能為自己多做些什麼」，這場人生的傷對你來說就不是毒，你辛苦踏出的每一步都不會白費。

自序——

洞察外遇心理走出困境，療癒創傷重拾信任

進入諮商領域近二十年，成為專業諮商心理師也有十五個年頭，這麼長的諮商歷程，我陪伴最多的就是，在外遇風暴裡，身心飽受創傷之苦的當事人，以及想要修復關係的伴侶，帶領他們一起療癒心理創傷，重建信任感。

每個人對外遇的定義都不同，有的人認為只要沒有投入感情，就不算外遇；有的人覺得只要沒有發生性關係，就不算外遇；有的人強調只要不是自己主動追求，就不算外遇；有人覺得曖昧聊天，就不算外遇。

但對伴侶而言，事實卻不是如此，無論是傳簡訊曖昧調情，還是送對方表達愛意的禮物，亦或是一夜情一時意亂情迷，或是花錢找性工作者，都算是情感出軌，更遑論長

期投入情感、斷不了的關係糾葛，都會讓伴侶感覺被背叛，身心受到強大的衝擊。

遭受伴侶外遇背叛後，療癒歷程的長短，修復狀態的好壞，跟外遇者的態度以及應對之道息息相關，**很多情感創傷之所以難以修復，是因為外遇者的應對方式不斷對伴侶造成二度、三度、多重傷害**，卻沒有用心照顧受傷者的感受，進而引發一連串的心理創傷。

最常見的「二度傷害」是，**外遇者會合理化自己的行為，將感情出軌的原因推給受傷的那方**：「就是因為你太過強勢，我才會需要另一個人的安慰。」或是表示：「家裡一點溫暖也沒有，我才會往外尋求溫暖。」或是要對方為自己的情緒負責：「自從跟你在一起，我就過得很不快樂。」似乎在暗示受傷者，問題出在你自己身上，是你造成的，導致受傷者非但要承受身心煎熬，還要自我責備：都是自己做不好，沒有扮演好配偶的角色，現在才會吃到感情的苦果。

還有很多外遇者會認為「不要去想這件事情，就不會痛苦」，這樣錯誤的認知，會讓受傷者走得更久、更辛苦，因為外遇衝擊多半會導致身心症，外遇者需要理解背叛會對伴侶心理造成哪些影響？會出現哪些症狀？通常我們不會跟一個罹患重病的伴侶說：

「你不要去想，病就會好了。」卻會對受傷者說這句話，因此，寫這本書最大的用意就是，**希望「外遇者」可以瞭解經歷背叛衝擊後，會對心理形成哪些破壞，進而可以多做對「受傷者」有幫助性的事情，避免製造更多的心理破壞，形成更大的感情創傷。**

很多外遇者都不喜歡討論，認為明明就好好的，一討論又會產生不愉快，何苦自找麻煩，事實上，這就是外遇者典型的「想法與觀念」，認為「不討論就不會有情緒。」這本書的撰寫動力，一部分就是來自於這些「造成心理傷害」的普遍認知，外遇者需要真正理解，做什麼才是對受傷者有幫助的，而不是用自己的想法觀念去推論受傷者「應該怎麼做才對」。

「原諒伴侶」是一條漫漫長路，但過程中會有轉機，會漸漸感受到正向情緒，會慢慢嘗到幸福的滋味，這個時候，就可以進行「原諒的力量」，通常我會詢問雙方：想跟對方講的話都有充分表達嗎？受傷的情緒都有得到撫慰嗎？如果兩個人的答案都是肯定的，那就可以**進行一個「原諒的儀式」，雙方都可以說出自己對「原諒」的想法與感受，即便未來還有「情緒殘渣」，也能夠有傾倒的出口，會持續接納與照顧對方的感受。**

很多當事人跟我分享：事件發生後，他們的感情真的有比以前更好，現在他們不會忽略對方的感受，會把對方說的話當一回事，很珍惜彼此這樣的轉變，會謝謝對方為自己所付出的，不再認為是理所當然。

這些用痛苦提煉出來的珍貴回饋，**我想獻給此時此刻正在痛苦中煎熬的你們，只要相信未來會轉變，你們也可以享受苦盡甘來的親密關係。**

目錄

CONTENTS

第二篇 療癒創傷

第三篇 重建信任

第一篇

洞察外遇心理

01 揭開外遇的徵兆

女性外遇的徵兆有時並不容易發現，這一方面因為女性心思細膩，另方面女性在婚姻中該盡的責任、該做的事情大多會如實完成；所以，女性若刻意隱匿，伴侶可能會毫無知覺，但無論多麼小心仍有一些肢體語言，會透露出隱微的訊息。

■若有所思，心神不寧

觀察身邊曾有過出軌經驗的朋友，發現她們外遇時常像座雕像般陷入沉思，有時還會不自覺地自言自語，工作時也常心神不寧，類似無意識開車的狀況，然後突然驚醒過來。

■焦慮的肢體語言

不管平常個性多麼鎮定的人，在外遇的時候多少會出現一些焦慮的肢體語言，譬如：坐立難安、咬指甲、說話速度變快等等。

■找藉口外出

無論男性或女性，外遇的基本行為模式就是找藉口出去約會，或是去超市買個東西，或是姐妹淘最近心情不好需要陪伴，藉口越稀鬆平常，越不會讓人懷疑。但過度密集的頻率，便是一種徵兆，舉例來說，家裡已經不缺醬油調味料，還不斷出去採買，就比較反常。

■躲起來講電話

幾乎所有的外遇都會發生不明電話變多，或是偷偷躲起來打電話的現象，最常見的是，上廁所要帶手機，去超商買東西要帶手機，手機隨時都帶著不離身。

■常常收到不明禮物

有個朋友向來捨不得花錢買高價手機，有次突然買了一款最新式的手機，並不符合他平常的消費習慣，後來朋友坦言，是情人送給自己的禮物，連電話費都是情人幫他繳的，以免電話費暴增，被伴侶追問原因。

■找掩護的對象

有個朋友每次跟情人約會，都會找個女性友人當陪客，先是三人同行一起吃飯聊天，之後再和情人單獨約會。這樣不僅有正當的外出理由，萬一丈夫打電話來查勤，也可請女性友人跟丈夫寒暄解釋，比較容易取信於另一半。然而，不論多麼細心、找多少掩護，時間久了，都難免啟人疑竇，仍有可能東窗事發。

—測驗—

精神外遇的徵兆

如果伴侶出現下面這些行為，就有可能是精神外遇，雖然還沒有肌膚之親，最好趁早多多關懷伴侶，或許可以及時把伴侶從感情出軌的關卡拉回來。

(1) 注意力從伴侶身上轉移到另一個人身上。

• 是□　否□

(2) 無論大小事情都想跟對方報告。

• 是□　否□

(3) 一有什麼感受、情緒，就想跟對方分享。

• 是□　否□

(4) 跟對方聊天的時候，會刻意不提自己已婚的相關訊息。

• 是□　否□

(5) 發現新的餐廳，就想帶對方去品嘗。

• 是□　否□

(6) 不管想做什麼事情，第一個都想到對方，想跟對方一起去做。

• 是□　否□

(7) 會吃對方的醋，會在意對方跟誰互動。

• 是□　否□

(8) 對方的優先順序越來越高，常常被擺在第一位。

• 是□　否□

上面這些徵兆越多回答「是」，就需要多花點心力瞭解伴侶的心理，多關心他的狀況，避免給伴侶過多的壓力，以免適得其反，反而把伴侶推向對方。

02

容易引發外遇的生活與重大事件

在做外遇諮商過程中，常常會發現，不少伴侶在外遇之前多半經歷一個重大的生活事件，不過，在此我要特別強調，**並非發生重大事件就會感情出軌，但有可能因此導致心理轉折，或是造成情感需求的轉變**，進而促使外遇的發生。下面整理出「容易引發外遇的生活或重大事件」，或許能有不同的覺察。

■有了小孩以後

諮商的過程中，經歷過太多先生在妻子懷孕期間外遇，曾看過身懷六甲的太太，坐著計程車一個地方、一個地方去找先生，找到之後還被先生咆哮怒罵，委屈到終日以淚洗面、無法入睡，真的很擔心太太會做出傷害自己的行為。

也有的太太在孩子出生後，注意力全部轉移到孩子身上，對親密性生活都興趣缺缺，先生一方面覺得自己的重要性都被孩子取代，另方面性需求長期得不到滿足，就給自己合理的外遇理由。

■ 失業的時候

根據《美國社會學評論》（American Sociological Review）的調查發現，**男性在失業階段，外遇風險最高，機率達到百分之十五**，這是因為跟伴侶拿錢，會威脅到潛在的「男性雄風」，外遇就是男性重振雄風的方法之一。

其實無論男性或女性，長期失業在家，很容易對自己失去自信心與價值感，覺得自己一無是處，當人們在工作上失去成就感時，就有可能把注意力轉移到其他可以立即獲得成就感的地方，這個時候發展一段感情，不僅會感受到自己的魅力與價值，同時還能得到溫暖與安慰。

■交友軟體

交友軟體盛行後，引發很多外遇事件，不少人會透過交友軟體尋找聊天的對象，重新體會談戀愛的感覺，雙方先約出去吃飯、看電影，若是情投意合再更進一步發展關係。

■生病的之後

不少人在歷經生死關頭後，會頓時感到「生命無常」、「來日不多」，為了把握時間去做「自己想了很久卻一直沒做的事情」，或是覺得「自己都沒有為自己活過」，就有可能會突然做出人生的重大抉擇，放掉以往努力很久的目標，或是率性的辭職，或去談一場不被祝福、不被允許的愛情。

■家人過世

經歷重要家人、朋友過世之後，有些人會感到特別孤單，覺得沒有人瞭解自己，悲傷失去長期倚靠的精神支柱，伴侶也無法取代對方的重要性，為了找到新的精神寄託，而發展出新戀情。

一個跟母親關係很緊密的朋友，在媽媽生病的時候，把照顧媽媽的責任與事情都交給太太承擔，連媽媽病危時，家人都找不到他，在媽媽過世之後，他也表現得很反常，後來才知道，由於他無法面對媽媽即將離開自己，內心一方面有高度的分離焦慮，另方面又想要逃離焦慮，對媽媽與太太同時懷有強烈的愧疚感，只要看到太太就會勾起自己莫名的愧疚感，在焦慮感與愧疚感交互作用，讓他沉溺於外遇的情感中，不斷用焦慮感與愧疚感折磨自己。

還有個朋友的傾訴對象是自己的長官兼學長，沒有想到學長突然過世，從前只要有心事就會跟對方吃飯聊天，講完心情也就跟著紓解了，自從對方離開後，頓時發現自己完全沒有一個可以談心的人，這個時候，只要有個聊得來的人，就立刻替補對方的位子。

也有人是受到過世家人、朋友的啟發，看到對方人生留下的遺憾，自己想要避免未來有相同的遺憾，而決定感情出軌。

■創業的過程

很多人創業後，會渴望得到尊重與仰慕，進而感受成功的價值，倘若伴侶沒有及時改變對待他的方式，就有可能發展出另一段滿足「被仰慕需求」的關係。

也有人是創業後，有了新的工作夥伴，雙方常常一起並肩作戰，進而發展出革命的感情。也有人是創業後，需要各種人力與經濟的資源，這個時候，若有人及時伸出援手，基於感恩之心，也有可能發展出戀情。

長期相處的伴侶關係，有時候會在重大事件發生的當下，忽略對方的心理轉變，如果**覺察伴侶最近的行為模式，或是說話方式跟以前不太一樣，不妨瞭解轉變背後的需求是什麼**，及時更新互動方式，或許可以為生活帶來新的可能性。

03 感情生變的警訊

每當周遭有人感情生變，就會聽到困惑的吶喊：「明明相處得好好的，為什麼會突然不適合？」或是堅定的認為：「他說的分手理由全部都是藉口，根本就是劈腿背叛。」

其實從心理學的角度來看，感情生變多少有跡可循，很少是完全沒有預警的，**關鍵是雙方能不能夠及早發現訊號，然後及時溝通克服問題**，讓感情得以繼續發展。

通常當我們對關係感到不滿的時候，會有四種不同的反應：一是會想辦法主動改善；二是會被動等待關係逐漸變好；三是會採取建設性的積極做法；四是會尋求破壞性的激烈手段，來處理不滿意的情緒和感受。

■聲音轉變表示對方採取「主動有建設性」的反應

這四種反應往往會具體表現在行為上，其中最明顯的就是聲音轉變，為了改善雙方的關係，有些伴侶會大聲表達心中的不滿，**希望能夠扭轉對方的言行舉止，以符合自己的期待**。或是藉著大聲抱怨不滿的事情，讓對方重視自己的需要。所以，如果最近伴侶常大聲表達感受，就要特別關心對方是否有不滿的地方。

有些人很討厭伴侶大聲表達，事實上，這表示對方採取「主動有建設性」的反應來表達不滿，若有心改善彼此關係，不妨開放以對，因為習慣大聲表達的伴侶，多半不會莫名其妙的從人間蒸發，分手前會提出各種警告，直到最後實在受不了，才會狠下心來切斷感情。

舉例來說，曾有一位太太抱怨先生未經過她同意便自作主張、先斬後奏，沒有經過她的同意就養狗。從他們的對話過程中，其實先生有不斷強調自己想要養狗，是想要讓自己增加活力，並在運動跑步的時候有狗兒陪伴，會更有動力。但是太太卻不斷敘述，先生如果要表達對動物的愛心，不用養狗也可以。這反映出雙方的溝通是沒有對焦的，忽略了對方的需求。

■給對方一些暗示的人，習慣採取「被動有建設性」的反應

還有的伴侶對關係不滿時，會先給對方一些暗示，譬如說會不斷強調：「我再給你一次機會，你要好好表現」，或是用教官的口吻說：「再觀察你一段時間，你要盡快改變」，或是像父母一樣教訓伴侶：「這次就原諒你，下次就沒那麼好說話了。」

這類型的伴侶習慣採取「被動有建設性」的反應來面對不滿的情緒，他們大都不會主動改善關係，而是被動期待伴侶有所改進，所以，**若想繼續經營這段感情，最好不要把他們的循循善誘當成耳邊風。**

像很多受傷的伴侶都是在對方外遇後，才猛然想起，他之前有一直提醒自己改進的方向，但自己覺得沒有那麼嚴重，沒有想到他的「暗示」原來是外遇的意思。

■假裝沒事發生的人，常會採取「被動破壞性」的反應

另一種伴侶的反應則是拒絕處理問題，當心中滋生不滿的情緒時，**他們表面上假裝沒事發生，實際上卻任由問題惡化。**他們常會採取的「被動破壞性」反應，例如，減少跟伴侶相處的時間，或是背後批評伴侶，到處跟親朋好友訴說伴侶的惡劣行徑，卻不會

主動跟伴侶說出自己內心的想法和感受。

這種類型的伴侶就有可能在跟別人訴苦的時候，意外發展出感情，在不滿情緒的催化下，他們也很容易會合理化自己的行為，誰叫你做了那麼多讓我受不了的行為。

■心生不滿便立刻想要退出的人，採取「主動破壞性」的反應

還有一種伴侶會採取「主動破壞性」的反應，一但心生不滿便立刻想要退出，完全不給雙方改善關係的機會，常會一句話都沒有解釋就退出愛情。

很多人對關係不滿時，都選擇「不說明」、「不解釋」的態度，總覺得「越說越麻煩」，或是認為「說了也沒用」，乾脆放棄算了，讓另一半留下無限的遺憾與疑問。

這種突然撤退型的伴侶帶來的心理傷害是很大很深的，往往會讓受傷者罹患創傷後壓力症候群，從此對感情懷有極高的焦慮感，不知道什麼時候感情會突然改變，因而很難放鬆享受愛情的快樂美好。

04 男性情感出軌的心理分析

諮商的過程中發現，男性情感出軌的時候，多半會認為只要不被發現就好，在心理上，**有些男性會覺得純粹是個意外，或只是一次性的紓解，加上自己並沒有投入太多感情，所以是可以被原諒的。**

男性情感出軌的時候，無論是在工作或生活上受到的干擾都比較低，他們可以公私分明、性愛分開，這就是許多男性雖然跟伴侶的關係很好，卻會有外遇的原因。

男性外遇會開始出現煩惱，原因多半是因為第三者對他們的要求越來越多，對方渴望親密與承諾的壓力越來越大，對方想要改變彼此互動的遊戲規則，這個時候，男性就被迫要跟對方溝通，不能單純地享受快樂的關係。

外遇行為背後的心理需求

有個男性朋友的工作可以認識各個不同領域的約會對象，加上他擁有一張笑容可掬的臉龐，對異性又很慷慨親切，溫文有理，因此從小到大異性緣都非常好。

雖然工作的熱情比不上追求情人的熱情，但朋友都有辦法達成公司定下的目標。曾經有個算命先生用羨慕的口吻對他說：「你這輩子註定桃花不斷，而且這些桃花還會心甘情願地化身春泥，肥沃你的生命土壤，幫助你開花結果。」

算命先生的話，等於幫朋友找到一個合理化的藉口，他不停告訴周遭的親朋好友以及所有交往的情人：「不是我要花心，而是我命帶桃花，想躲也躲不掉。」就像催眠一樣，朋友不只相信自己命帶桃花，更深信每朵桃花都自願化為春泥，成為他事業的養分。直到他遇到了真真，這個觀念才做了一些修正。

真真和他以往交過的女朋友都不一樣，既固執又死心眼，無論他怎麼解釋，真真都拒絕接受他那套「桃花理論」。甚至不惜以生命做威脅，強迫他改變觀念和行為，試圖把他變成一個為感情負責的專情男人。

原本朋友以為真真只是在使性子、耍脾氣，他的刻板印象認為：女人大不了一哭二鬧三上吊之後就沒事，不料真真居然傻到結束自己的生命，面對強大的輿論壓力和良心譴責，他終於改變了。

他變得比較慎選約會的對象，不再來者不拒。隨著經驗的累積，他慢慢發展出一套獵豔招數。他不再像以前那樣，等待對方自投羅網，現在他習慣主動出擊尋找目標。一但確認獵物不會讓他受傷或吃壞肚子，立即展開追求行動。

他會事先觀察對方的出入場所和作息時間，然後像一隻身手矯健的獵豹般，不聲不響地出現在對方常去的地方。等對方發現他的身影，隨即露出一副不期而遇的驚訝表情，熱情地和對方打招呼：「真的好巧，你也來這家銀行辦事情？」

這招叫做「一箭雙雕」，一方面可以製造和對方接觸的機會，另方面亦會讓對方覺得他們兩個人的緣分是「老天安排的」。巧遇個幾次之後，自然會相約喝個下午茶，談談彼此的近況如何。在聊天的過程中，他不僅會用心傾聽對方的心事，更會適時關照對方的情緒，溫柔開導對方的想法，讓對方產生「被瞭解」的感動。

通常在這個時候，朋友的直覺就會開始判斷：「這個女生可不可以碰？」如果對方也是屬於「情場玩家型」，那雙方立刻一拍即合，玩得非常盡興。倘若對方屬於「玩了不會出事型」，那他就會多花一點時間照顧對方的感覺，讓對方自動投誠。假如對方屬於「會吵會鬧的麻煩型」，那他就會想辦法保持距離，以策安全。若是對方屬於「既純情又死腦筋型」，那他大概就會使出第三十六計，走為上策不再聯絡。

曾經有個同事好奇地問他：「為什麼你桃花不斷，卻不會出事情？」朋友的自保之道，就是苦練一雙不會看走眼的好眼力，正確無誤地判讀「誰可以碰？誰不可以碰？」

萬一沒有把握，他會更進一步確認對方的「性愛觀念」。譬如在聊天的時候假設一個狀況看看對方會採取什麼反應：「如果有一天妳發現男友另結新歡，會怎麼處理？」或是利用一些新聞事件，技巧地詢問對方：「妳贊不贊成多人運動？」然後根據對方的答案：做出正確解讀。

只是，再好玩的遊戲玩久了也會膩，朋友越來越不能光從多個情人身上得到成就感，他開始在朋友和同事面前炫耀自己的豐功偉業：「你知道嗎，某某人在床上的樣子真的很不一樣。」

當對方反問他：「你怎麼知道呢？」他就會用得意洋洋的語調說：「我當然曉得，

因為某某人已經跟我了。」

通常朋友口中的「某某人」，都是讓眾人仰望的對象，而為了證明自己「所言屬實」，不是吹牛騙人的，朋友開始養成蒐集「戰利品」的習慣：他經常會拿某樣「註冊物品」，神祕兮兮地詢問同事：「你知道這是誰的嗎？」事實上，大家都知道物品的所有人是誰。

明眼人一看就知道他在玩什麼把戲，除了不屑他出賣情人的惡劣行徑外，更想不通難道他不怕傷害情人的名譽嗎？

就像到不同的城市觀光，可以欣賞不同的情調景緻，攀爬不同的山岳，可以領略不同的自然風光，追求不同的女人，可以得到不同的人生樂趣，朋友喜歡征服各種難度的情人，不只感受自己的存在價值，更能體會多樣化的經驗與快樂。

男性感情出軌的原因

看多了男性各種情感出軌的行為後，大略可以歸納出下面幾種類型。

■用「性征服」來提升「自我觀感」的人

一般人提升自我觀感的方法，或是挑戰難度較高的工作，當任務完成時，即會產生「以自己為榮」的感覺。或是幫助別人解決問題，看到對方度過難關，也會很高興自己有能力幫助別人。

而用「性征服」來提升「自我觀感」的人：卻是藉由性愛凸顯自己的「男子氣概」。所以他們會很努力地讓情人愛上他，等他確定對方的感情已經臣服於他，就會進一步統治對方。

為了讓情人知道自己握有「情感的主導權」，他可能會狠心地提出分手要求，看到對方痛苦難過的樣子，他才會覺得「自己很厲害」，並且認為「女人沒有我就會活不下去。」

愛上「征服感」的男性，就像好大喜功的國王，不只喜歡擁有很多臣服者，更喜歡炫耀自己的戰利品。**他們最愛看到別人羨慕的眼神，最愛聽到別人忌妒的言語**，即使是背後議論，他們仍然覺得「很光榮」、「很有面子」。

■外遇重建男性雄風

國外曾有研究調查發現，賺的錢比伴侶少，或是在經濟上依靠伴侶支助的男性外遇比例最高，機率高達百分之十五，原因是**跟另一半拿錢，會威脅到潛在的「男性形象」**，為了重振男性雄風，外遇就是其中一個方法。

■把情人當玩具的人

把情人當玩具的人最大的特徵是，只要有新玩具出現，就要想辦法弄一個來玩玩看，好玩的話，就玩久一點，不好玩的話，就換另一個遊戲玩。

對他們來說，情人既然是玩具，當然類型越多種越好，玩法越刺激越好。抱著玩物或購物的心態與情人交往，反映在行為上，自然就會喜新厭舊，見一個愛一個，**很難期望他們會珍惜別人的感情**，顧慮別人的感受。

■罹患「性愛成癮症」的人

幾乎所有的「成癮症」都有相同或類似的症狀：

1. 隨時隨地想著令其成癮的事情。

2. 會跟家人朋友隱瞞自己成癮的事情。

3. 對成癮的事情具有**「強迫性」**，非做不可，否則就會渾身不舒服。

4. 對性愛的「需求性」越來越高，「耐受性」也變得越來越強，簡單的說，就像嗑藥者藥量會越用越強，酗酒者酒會越喝越多。

5. 會對人際關係造成嚴重的干擾。

6. 在戒除的過程中會覺得痛苦難耐。

大部分的「性愛成癮症」患者都不知道自己有這個毛病，更不清楚自己為什麼會產生這種行為。

■處於中年危機、心理叛逆的人

不少男性感情出軌都發生在心理危機的時候，突然在人生某個時刻，受到某個事件的刺激或啟發，覺得自己前半輩子為別人而活，現在自己該盡的責任都盡了，決定追求自己的渴望與慾望，中年叛逆的能量是很強大的，**往往會摧毀家庭**，甚至拋下一切過去的努力。

■習慣分散「感情風險」的人

對人缺乏安全感的人，不管交什麼朋友都要分散風險，不能把雞蛋放在同一個籃子裡。為了預防情人變心會帶來痛苦，他們會事先**準備好充足的候補情人**，這樣萬一情人另結新歡，就可以安慰自己：「少一個沒關係，反正還有很多人愛我。」

我認識一個朋友，當兵前他一口氣交了六個女朋友，每個情人輪流打電話給他。而所以要這麼做，他抱持的理由是：「總不會那麼倒楣，六個女朋友都選在同一個時間變心。」

結果這六個女朋友直到他退伍前都沒有兵變，他這才開始緊張，事情麻煩了，以後要怎麼同時跟六個女朋友約會。

■不懂拒絕的人

還有一種人**不是故意要花心**，只因不懂得如何拒絕別人的感情，使得情人越積越多，最後不曉得該怎麼處理。

有個朋友的處境就是這樣，開頭只是有個女生跟他告白，受寵若驚之餘，他決定先跟對方做個朋友再慢慢想辦法。不料對方越陷越深，而他也覺得和對方很談得來，可是原來的女友對他也非常溫柔體貼，實在沒有藉口提分手，成天苦思該如何處理才好，他曾經因為不敢拒絕別人的感情，最高紀錄同時收留九個女朋友，讓他幾乎瀕臨崩潰的邊緣。

■報復對方的人

另一半不配合或不願意發生親密關係，有些人會選擇用感情出軌來**平衡自己**的慾望與需求。也有些人是因為另一半做錯事情，企圖用外遇出軌來懲罰對方。

■經常交際應酬的人

一開始或許是因為頻繁交際應酬、逢場作戲，但慢慢的**假戲真做**，跟交際場合的對象發展出感情。

■有「戀母情結」或「肛門期過度縱慾」的人

心理學大師佛洛伊德認為，我們每個人的「性態度」都與肛門期有關，如果在肛門期階段，**父母的教養方式太過放縱**，孩子未來則很容易過度縱慾，長大談戀愛或結婚後自然也比較有可能因為抵擋不了性慾的誘惑而外遇。

另一個會影響「性態度」的因子是，幼年時期處於與父母的三角關係中，因為壓抑而產生「戀母情結」，長大後壓抑到潛意識未被滿足的「戀母情結」，就會轉成一股莫名而無法控制的力量，牽引著男性發生外遇。

認識的女性朋友曾經歷一段摧毀心靈的外遇事件，在沒有做好準備的狀況下，無意間發現自己的母親與先生外遇，先生還很得意的表示，自己是幫她滿足媽媽的性需求，要是先生不滿足媽媽的性慾望，媽媽一樣會外遇。

■極度渴望受人歡迎的人

通常自戀的男性會以為全世界的女性都會情不自禁地愛上他，為了吸引異性的目光，他會花很多精神修飾門面，花很多時間裝扮外表。

由於他們的注意力全部集中在「自我表現」和「受人愛慕」上面，導致他們很少關心別人的感受，更不會設身處地為別人著想。

也因此，當他們腳踏多條船時，自然不會覺得「背叛會對別人造成傷害」。在他們的觀念裡，男女交往的過程原本就是「異性相吸」的過程，一但吸引了對方的注意，讓對方愛上自己，就可以結束彼此關係。

不少自戀型的情人都擁有一張笑容可掬的臉龐，他們會對所有的女性慷慨親切，溫文有禮，唯獨對已經為他付出感情的女性熱情不再。

表面上，他們只愛自己，實際上，**他們需要別人先接受他們，才能接納自己**。也就是說，他們極度渴望討人喜歡，只有自己受人歡迎，擁有很多為他著迷、為他喝采的觀眾，他們才能自我肯定。

05 女性情感出軌的心理分析

很多人問我：「男性、女性感情出軌的比例大概多少？」男性、女性都可能情感出軌，不同的性取向也都有可能會面臨情感背叛的衝擊。台灣曾有進行過女性外遇的研究，發現女性外遇比率高達三成五左右，並且認為婚外情讓她們更容易得到高潮，包括性交技巧、姿勢變化、言語讚美，滿意度都比較高。年齡以四十至四十九歲占最多；外遇對象則以朋友最多，其次是同事、網友及前男友，**結婚後外遇的高峰期顯著地出現在第三年**。

根據我的諮商經驗，女性情感出軌來做諮商的比例較高，女性較常會為自己的外遇所苦，身心飽受罪惡感以及自責煎熬，而且工作和生活也會受到較大的干擾。而男性情感出軌來做伴侶諮商的比例較高，因為他們想要努力挽回感情。

女性感情出軌的心理分析

找不到一個完美無缺的情人，只好尋找不同的情人來滿足各種需求。

一位朋友在感情路上，一直尋求一個能滿足她所有幸福需求的情人。然而，經過不斷的尋尋覓覓，始終找不到完美無缺的對象，只好轉而尋找不同的情人來滿足各式各樣的需求。當她想要大肆購物時，就會找一位經濟寬裕的情人來滿足她的物質慾望；而當她渴望有人陪伴時，則尋找一位時間充裕、能隨時陪她聊天的情人，以驅散她的寂寞。

朋友凝視情人的眼神混合著仰慕、專注與害羞，彷彿這個世界上只有對方能夠照顧她、保護她，失去對方她就無法獨活。那種「強烈被需要」的感覺，讓人完全沒有抗拒的力量，忍不住想要滿足她的需求。

個性纖細靈敏的朋友，特別能夠讀懂男性的心思，她不但可以快速掌握情人當下的情緒變化，還知道如何讓對方覺得舒服愉快。

每個情人都覺得自己是她唯一的情人，而且是此生最重要的情人。

就像有一次情人A為了孩子的教育問題跟太太發生激烈的爭吵，她只在一旁靜靜的聆聽。看到情人煩惱的表情，就心疼地幫對方按摩；等情人發洩得差不多了，她才用溫柔的語氣肯定對方的做法都是最正確的：「他們現在不瞭解你的用心，將來就會明白了。」

在朋友眼裡，情人A非但是個成熟穩重的好情人，更是個稱職用心的好父親，她常常會用羨慕的口吻說：「你的小孩有這樣的爸爸，真的好幸福。」

朋友和情人A不只年齡懸殊，觀念也完全相反，唯一的共通之處就是彼此需要。情人A總是在「有需要」的時候才會短暫出現，不管是生理的或心理的。朋友每次見到他，都會緊緊的、緊緊的抱住他，好似一放手，對方就會像一陣輕煙立刻消失。

她曾經問過自己，究竟愛上對方什麼地方？是需要對方的經濟支持？還是迷戀對方如父親般的寵愛感覺？

應該兩者都有，否則她不可能花這麼多的心思在對方身上，聽他傾訴、幫他按摩、跟他發生親密關係，而且所有的活動空間只限於房間裡面，不能像其他情侶一樣，自在地逛街吃飯看電影。

為了滿足她的物質需求，情人A每個月定期給她一筆零用錢，後來嫌麻煩，乾脆幫她辦了一張信用卡，讓她可以隨心所欲購買喜歡的東西。

可是，金錢不能陪她看電影、逛街、跳舞，她需要一個活生生、可以陪她玩、陪她笑的人，情人B正好適時出現，填補她寂寞的空檔。

在情人B的面前，朋友是個很有主見的小姐姐，她會主動安排約會的內容，也會要求對方陪她去郵局領掛號信，或是去銀行存錢繳錢。

表面上，朋友是個主導者，實際上，她是個依賴者，依賴情人B的陪伴與支持，她最怕一個人孤零零的感覺，如果找不到人陪伴，她會緊張害怕到全身發抖的地步。

常常情人A前腳才踏出門，她便迫不及待聯絡情人B，恨不得馬上見到對方，一分一秒都不能等。

等待會讓她窒息，所以她經常半夜坐計程車去找情人B，基於安全考量，情人B不只一次的跟她吵架：「我騎摩托車去找妳就好了，妳幹嘛三更半夜一個女孩子坐計程車？」

她當然知道這樣比較安全，但她不能冒一點險，萬一被對方發現她還有別的情人，那該怎麼辦？她太需要他們了，不能冒任何一點風險。

每當兩個人吵架，情人Ｂ看到她的淚水在眼框打轉，就在淚珠即將滾下來的剎那，情人Ｂ一定會心軟地跟她道歉：「都是我不對，不該講話這麼大聲。」這個時候，她就會緊緊的、緊緊的擁抱對方，讓對方感受到她的渴望與需要。

無論對情人Ａ或情人Ｂ，她付出的都是真心真愛，擁抱他們的感覺也同樣熱烈激動，對朋友而言，**沒有孰輕孰重的問題，只有「誰」發現「誰」的擔心**。

為了減輕心中的擔心，她花很多時間在做沙盤推演——凡是跟情人Ａ去過的地方，她不會和情人Ｂ一起出現。凡是人多眼多的地方，皆不列入約會地點的考慮範圍。

她非常嚴格地執行約會守則，但是再多的預防措施，也擋不住老天爺的刻意安排，總是會在情人Ｂ的面前接到情人Ａ打來的電話，或是在情人Ａ的面前收到情人Ｂ發送的簡訊。次數一多，難免會引起對方的猜疑：「誰打來的電話？妳說話的聲音為什麼怪怪的？」

原本已經夠緊張了，當情人Ａ提出質疑，朋友開始心虛的亂講話：「打錯的啦。」

「打錯的電話，妳也可以講這麼久？」情人Ａ用不可思議的語調說。

發覺自己露出馬腳，她立即修正答案：「原來你是問剛才那通電話，是我同學打來的。」

「哪個同學呢？」沒想到情人A會繼續追問，她就像在參加猜謎活動般，快速答出一個名字。

太反常了，平時講話都輕輕柔柔的她，現在卻用連珠炮的速度應答，這其中大概有事情，沒有人願意被人蒙在鼓裡，社會歷練豐富的情人A暗中派人注意朋友的行蹤舉動，而當情人A把證據攤在她的面前，質問她：「這個男孩是誰？」朋友毫無辯解的餘地，只有默默等候情人A的審問與發落。

恐懼感排山倒海而來，各種可能的懲罰畫面閃過腦際，快速而清晰，好希望能像小時候做錯事情一樣，被老師打過手心後，就一切結束。

女性「感情不專一」的原因

經常有人問我：「究竟什麼樣的情人會用情不專？」說真的，這個問題很難回答，因為一個不小心，就會陷入「過度類化」的陷阱中，一竿子打翻一條船。

不過如果換個角度問：「用情不專的人多半抱持什麼心態？」據我多年的研究心得，女性「感情不專一」的原因，有下面幾種可能性：

■證明自己「很有魅力」

我認識不少條件很好的女性朋友，會以「追求者的多寡」來衡量「自己魅力的高低」，為了證明自己「很有魅力」，**她們會大量蒐集追求者**，享受「眾星拱月」的感覺。常會聽到：追求我的人都排隊排到哪裡，或是追求我的人號碼牌已經拿到多少號。

令人好奇的是，到底一個人需要多少個追求者，才能肯定自己的魅力呢？這個答案需要自我探索後才能解開。

■無法忍受寂寞

寂寞往往會變換成各種不同的情緒來干擾人們的生活，沮喪的、孤獨的、空虛的、焦急的、不安的、無力的、悲傷的，令人毫無招架之力。

有個朋友C有段時間因為感情受挫的緣故，幾乎每天晚上下班之後，都會藉著酒精的力量，來逃避現實的不順。

酒精非但麻痺了她的感覺，更壯大了她的膽子，她經常會在喝酒後，打電話邀約認識的男性朋友或男同事：「我現在身體很不舒服，你可不可以過來陪我？」

沒過多久，她便陷入**難以控制的循環中**，一但覺得寂寞，就拚命打電話找人陪伴，然後莫名其妙地和對方發生親密關係。生活變得像一座裝有定時設備的旋轉木馬，時間一到，就會自動開啟電源，沒有目標的旋轉再旋轉，直到精疲力竭為止。

■渴望被寵愛的感覺

當女性渴望被人寵愛的時候，任何可以讓自己產生「被寵愛的感覺」的人事物，都有可能會緊抓著不放。

而在所有的人際互動中，肌膚的碰觸，如擁抱、拍撫、依偎等，以及言語的溫暖，如讚美、關懷、問候等，是最容易讓人產生受寵感覺，有些人為了得到被人寵愛的感覺，不惜付出很大的代價。

■互相交換利益

很多人以為，會用性愛來交換利益的女性，多半是很沒主見、內心脆弱的女子，其實不然，我看過不少生活經驗豐富，專業能力出色，觀察能力敏銳的女性，也會用性愛和男性做利益的交換。

朋友F即是個操作高手，白天她和客戶暢談未來趨勢，討論投資計畫，到了晚上則搖身一變，傾聽客戶的心事，撫慰彼此的身心需求。

最令人佩服的是她的鎮定與沉穩，無論雙方曾經發生過多麼驚天動地的事情，等事過境遷之後，她都可以把情緒控制到像沒有任何事情發生的樣子。

■被伴侶忽略冷落

有些長期在婚姻中受到冷落的女性，會感覺自己像沾滿灰塵、缺乏照顧的枯萎植物，在這樣的狀況下，情感出軌時會有被愛情灌溉，有種重新活過來感覺。

一個長期在家當家庭主婦的朋友，趁著丈夫上班、孩子上學的空檔，認識外遇的對象，她激動地表示：「相較於丈夫不屑的眼光，情人看自己的眼神，讓我覺得自己仍然很有魅力。」

自從結婚後，連偶而想要裝扮一下，丈夫都會用輕蔑的口氣說：「年紀一大把，穿給誰看啊。」時間一久，朋友也覺得自己毫無魅力。直到碰到外遇的對象，看到對方熱烈的眼神，才再度相信，自己還沒有人老珠黃。

在親密關係中，**一但感覺自己「沒有魅力」、「不討人喜歡」、「毫無價值」，甚至連自己也越看自己越不順眼，這種「嫌惡感」很容易擊垮女性的自信心**，只要遇到一個欣賞、喜歡自己的人，就不知不覺會被對方牽引。雖然感情出軌會產生強烈的「罪惡感」，自責不應該做出對不起伴侶的事情，然而「嫌惡感」很快就戰勝「罪惡感」，不能控制的一再跟情人碰面。

■婚姻議題

婚姻中存在各種不同的議題，愛情的熱度遞減，雙方心靈距離越來越遠，對婚姻越來越感到不滿，就有可能尋求其他的親密關係，暫時緩解婚姻的緊張感，不用面對無力的婚姻關係。

有個朋友徘徊在丈夫與情人之間，難以抉擇，看到朋友受到如此大的煎熬，終日煩惱到開始掉頭髮，我忍不住問她：「當初為什麼會在眾多的追求者中，選擇嫁給丈夫呢？」

朋友閃著聰慧靈活的雙眼，理所當然地回答：「因為他符合我期待中的所有條件：長相斯文、職業高尚、書香門第……」提起丈夫的優秀條件，朋友臉上的痛苦表情瞬間消失，她斬釘截鐵地說：「像我這樣的資優生，一定要嫁個比別人優秀的丈夫才行。」難道是現在她丈夫的條件變差了？還是因為情人擁有更傲人的條件，才會選擇外遇？

說到情人，朋友的雙眼頓時蒙上一層陰影，她無奈地說：「都不是，丈夫依然優秀，反倒是情人比較不知長進。」這下就更令人疑惑，我單刀直入問她：「情人到底哪裡吸引妳？」

個性原本活潑開朗的朋友，突然害羞地說：「因為他接納真實的我，不管我怎麼三八、任性，都不會嘲笑我。」可是，在優秀丈夫的面前，朋友就不敢這麼肆無忌憚；每次只要她表現出愛笑愛鬧的本性，丈夫就會嘲笑她：「妳又在胡言亂語了。」或是怒罵她：「真受不了妳，老是口無遮攔。」

久而久之，朋友逐漸隱藏愛笑愛鬧的本性，把真實的自己縮小，偷偷藏進心房裡。偶而，躲在心房裡的小女孩忍不住會冒出頭來喧鬧一下，但都被丈夫無情地打回去。為了當個聰明懂事、善解人意的超完美嬌妻，朋友發揮高度的忍耐力，寧可痛苦地掙扎於丈夫與情人之間，也不敢以真實的本性和丈夫相處。

事實上，**不少女性外遇的對象，都是因為能在對方面前呈現真實自我**，譬如，從小一起長大的青梅竹馬，瞭解自己性情的同學同事，這種熟悉的自在感，想做什麼就做什麼的無拘感，往往能讓女性甘冒風險投入對方的懷抱。

■與舊情人感情復燃

當婚姻生活不如預期，在無意間或參加活動時與舊情人相遇，特別是當年分手時並沒有經歷痛苦的拉扯，之前的愛情就比較容易復燃。

■感性浪漫型

很重視感性、浪漫、直覺、美感、藝術的女性，一但愛情降臨，就會不顧一切追尋愛情。

■高估自己的自制力

有些人會以為自己把持得住，只是約出來聊個天又沒有什麼，在沒有戒心的狀況下，常常談心聊天，一個不小心，就會跨越感情界線，所以，別小看談心聊天，很容易產生**強烈的親密感**，感覺彼此相知相惜。

■跟父母的親密關係屬於「不安全的依附關係」

跟父母的親密關係屬於「不安全的依附關係」，也比較容易沉迷於曖昧關係裡，特別是「焦慮依附」和「逃避依附」的人，這是因為她們總是擔心情人會對自己厭煩，害怕情人拋棄自己，所以需要多一點的情人，來降低內心不斷湧現的分離焦慮感。

然而，不管基於何種原因，過度頻繁地更換親密對象，或多或少都會產生一些失落感。當對方一走了之後，多少會從自己身上帶走一些東西，譬如信心、自尊、情緒、安全或回憶，結果反而讓心靈更加空虛，想想看：

＊寂寞與沮喪：什麼時候你會覺得寂寞難耐？或者無聊沮喪呢？

＊尋找傾聽者：什麼時候很想找人說說話，身邊卻連個談心的對象都沒有？

＊尋求伴侶：什麼時候很想找人散散步，周遭卻沒人有這種閒情逸致？

＊社交排擠：很想打入某個圈子，自己卻始終覺得被人排除在外。

＊渴望被愛：很想有人疼愛自己，這個人卻常常不在身邊。

＊羨慕他人的幸福：看到別人都恩恩愛愛的，只有自己形單影孤的。

＊感到絕望：感覺人生太悲慘了，連個瞭解自己的人都沒有。

如果你的心中也有這些疑問，這可能意味著你缺乏足夠的情感支持系統。你可能需要的是一個能給予溫暖和關愛的真實伴侶，而非一個帶來失落感的虛假情人。

06 隱藏祕密的心理

和喜歡隱藏祕密的人交往，約會就像在玩「諜對諜」遊戲，他們凡事守口如瓶，經常行蹤成謎，總是讓人摸不透，弄不清他們的真實世界。

潔西覺得自己快要精神錯亂了，男友旭誠老是愛把事情搞得神神祕祕，然後再有意無意地丟出幾個可疑線索，引誘她去查明真相。

最常上演的懸疑戲碼是，旭誠常會一個人若有所思地發呆，而當她關心的詢問：「你在想什麼？是不是發生了什麼事情？」旭誠就會言語閃爍地說：「沒什麼，我沒在想什麼。」

看到旭誠那副「欲言又止」的模樣，潔西更想問個水落石出：「你騙我，我覺得你最近怪怪的。」但不管潔西怎麼逼問，旭誠都只有一個標準答案：「妳想太多了。」

每次聽到這句話，都會讓潔西氣到反胃：「我沒有想太多，是你自己舉止怪異。」有時候被逼急了，旭誠也會用諷刺的語氣反擊：「妳那麼聰明，我哪騙得了妳？」

為了證明自己「沒有想太多」，潔西開始收集各種可疑的證據，以便和旭誠當面對質，讓他無從狡辯。「為什麼你的信件不直接寄回家？要特地到郵局開信箱？」潔西最討厭有人把她當成白痴，若是沒有「不可告人」的祕密，幹嘛如此大費周章?!

「事情不是妳想的那個樣子。」在「罪證確鑿」的情況下，旭誠的口氣略微軟化。

「那你就跟我說清楚阿。」潔西絕不輕易錯過任何查明真相的機會。

「妳不要再逼我了。」旭誠拿出最後的擋箭牌，試圖抵禦潔西的逼問。

潔西的心情很像一個面對說謊的孩子的媽媽，明知道孩子有事情瞞著妳，卻又拿他無可奈何，不過，言語閃爍還不是叫潔西最生氣的事，最令她無法忍受的是，每當她走進書房，旭誠就會立刻停下手邊的工作，匆忙地拿個東西蓋住桌面。

這不是「此地無銀三百兩嗎」?!擺明了在隱藏祕密，當然會讓潔西產生不悅的情緒：「你到底有什麼事情瞞著我？」即使在這個時候，旭誠依然能臉不紅氣不喘地為自己辯護：「沒事啦！妳不要自己亂猜。」

「我在亂猜？你根本就是故意耍笨裝蒜。」潔西氣到不知道要說什麼。

「妳這樣每天逼問我，我總有一天會得憂鬱症。」聽到旭誠的抗議，潔西再也按捺不住：「你不要還做賊喊捉賊，每天搞得神神祕祕，究竟是誰會得憂鬱症？」

「妳看不出來我很痛苦嗎？」旭誠使出苦肉計，想要轉移話題。

這種人居然會知道什麼叫「痛苦」，潔西用不以為然的口氣頂回去：「你要是懂得什麼叫『痛苦』，就世界太平了。」

說了老半天，完全感受不到潔西的同理心，旭誠開始有點不耐煩：「為什麼妳就是不相信我說的話？」

「問你任何事情都不肯說，你叫我怎麼信你？」潔西只要想到旭誠連選舉時要投票給哪個候選人都保密到家，就悲從中來：「真想不通自己幹嘛傻傻的被你愚弄？」

這下換旭誠想不通了：「我已經跟妳在一起了，妳還要知道些什麼呢？」從小到大不要說和別人分享祕密了，連興趣嗜好旭誠都很少跟別人提及。對他來說，自我保護的最好方法，就是不要讓別人知道太多關於自己的事情。

看到旭誠提防自己像在防賊一樣，潔西有一種強烈的被侮辱感：「我根本不想知道你的事情，而是厭惡被別人當成外人看待。」

「妳如果相信我，那不是什麼事都沒有了?!」旭誠希望緩和一下潔西的怒氣。

「要我相信你很簡單，那就把事情攤開來說清楚，否則就分手，我再也受不了你這種神神祕祕的作風。」

接到潔西發出的最後通牒，旭誠為難得不知如何是好，到底要怎麼跟潔西解釋，他有個從小一起長大的紅粉知己，唯有在這個女孩子的面前，他才能打開心房，暢所欲言地講出心中的祕密？而他們之間真的沒有男女私情，只有深厚的友情？

想來想去，怎麼說都不對，旭誠決定繼續堅持「沉默是金」的最高原則，儘管內心思潮洶湧澎湃，表面上他仍然冷靜地對潔西說：「妳不信就算了。」

這個答案完全在潔西的意料之中，旭誠早已說過幾千遍。潔西很想問問其他的情侶：**「隱私」與「祕密」有什麼差別？**何以自己想瞭解對方的內在想法就是「多心」？而不是「關心」呢？

隱藏祕密的心理分析

是否曾經想過，什麼時候我們會隱藏祕密？

小的時候做錯事情害怕被大人罵，就會偷偷地把錯誤藏在心裡；或是為了贏得父母師長的誇讚，而編造謊言自我吹噓，內心其實滿懷恐懼不安的情緒，深怕被人識破。

進入青少年階段，最害怕「別人看不起自己」，由於不想讓別人知道自己口袋沒錢，遂刻意隱瞞「家境清寒」的事實；因為不希望別人曉得自己成績太差，只好毀滅所有和成績相關的證據。

長大成人之後，會埋藏心裡的祕密，則多半與親密關係有關。下面是很常聽到的成人祕密。

■ 性幻想

有個朋友痛苦地跟我透露，他常常夢見和鄰座的女同事激烈做愛的夢境；雖然每天看到那位女同事都會有很深的罪惡感，但他又控制不了自己夢中的行為。

除了同事外，還有些朋友會忍不住幻想和前任情人的各種性愛場景，越想越纏綿悱惻，怎麼關都關不住。

另一個朋友幻想的主角則是老婆與自己的朋友上床，夢醒後他非但不生氣，還跟老婆分享這段夢境。

■找性工作者

不少男性朋友在喝酒聊天的時候，都曾不小心說出他們「找性工作者」的經驗；說到興起時，甚至會彼此洩漏對方的糗事。

我認識一個做事頗為謹慎的朋友，就連找性工作者時亦不改其本性，會仔細比較每個性工作者的優缺點，再三考慮才能做出最後決定。每每讓同行的友人等得不耐煩，頻頻催促他，「喂！你是來買春？還是來選美？」

不過，儘管找性工作者對男性的哥兒們而言，不是什麼天大的祕密，但他們卻不會主動對伴侶招供，萬一不小心被發現，他們也會「抵死不承認」。

■性功能障礙

通常男性在極度焦慮或信心危機時，會有短暫性無能的現象，此時在強大恐懼感的威脅下，大部分的人都會選擇隱藏祕密，以免自尊遭受嚴重打擊。

■外遇對象

另一個讓男性或女性都難以啟齒的祕密則是，擁有一個見不得光的地下情人。

有個朋友為了避免外遇的對象曝光，約會地點絕不選在公共場合，也從來不和情人拍照留念，結果兩人分手之後，朋友覺得自己好像做了一場夢，因為他找不到任何一樣對方曾經存在的證明。對朋友而言，處理祕密的最佳方法便是「遺忘」，忘了就表示不曾發生。

■想要另結新歡

個性壓抑的人，即使已經受不了伴侶的個性，偷偷在外面另覓對象，但他們的行為舉止依然可以不動聲色，只是在平靜的外表下，卻暗藏了一顆激動的心靈。這個祕密特別的不安分，就像一股想要往上冒的溫泉般，不停翻滾各種想法與慾望，讓人時常處於內外交戰的矛盾狀態。

隱藏祕密的人格特質

我們每個人的心底都可能藏著一本祕密日記，寫滿不欲人知的心事，可是，如果所有的事情都不願跟別人分享，那就屬於喜歡隱藏祕密的人。根據我的長期觀察，習慣隱藏祕密的人，多半有下面這些人格特質：

＊個性較多疑，既不信任別人，也不喜歡跟別人推心置腹。

＊個性非常敏感，很容易「過度解讀」別人的行為舉止，懷疑是否有不好的意圖。

＊不願自我揭露，常會用「沒事，不要亂猜。」或「不要再問了」等言語來應付別人。

心理學中有一扇「自我瞭解之窗」，叫做「周哈里窗」，**每個人的內心世界都有四扇心窗：一扇是「開放之窗」，意即大家都認識的自己；一扇是「盲目之窗」，就是別人看得到而自己觀察不到的自己；一扇是「私密之窗」，即刻意躲藏不想讓別人知道的自己；一扇是「潛能之窗」，自己不知道別人也不清楚的自己。**

倘若一個人在「私密之窗」中隱藏太多祕密，生活自然會變得很沉重，隨時隨地都小心翼翼的提防別人，深怕祕密被人探知；久而久之，心窗便會被恐懼、焦慮、罪惡、懊悔與不安的情緒封閉，再也看不到外面美麗的景緻。

而平常很少隱藏祕密的人，一但心窗裡有了不欲人知的事情，那種折磨就更耗損心力了，睡再久的覺都補不回來，吃再珍貴的美食都沒有滋味。有些人為了尋求解脫，會忍不住跟身邊值得信賴的朋友傾吐，試圖把保守祕密的壓力分散到別人身上。

這就是何以有些人在出現無法自圓其說的反常行為時，會主動找哥兒們來證明他們的清白：「不信的話，你問問從小跟我一起長大的朋友，事情是不是像我說的那樣。」

還有些人會用憤怒的情緒來轉移伴侶的注意力，當伴侶明白指出他的行為有哪些改變時，他的反應是不合常理地大聲咆哮：「你幹嘛把時間浪費在這些無聊的事情上？有時間觀察我的改變，不會去學些有用的東西？」

對很多人來說，「祕密」的同意詞就是「把柄」，**說出心中的祕密，就像留下致命的把柄一樣可怕**，難保對方將來不會拿此來傷害自己。

所以，若想引導伴侶說出心中的祕密，一方面要解除他的心防，一方面要讓他安心，自己會嚴守祕密，不會對外洩密，也不會拿他告訴你的祕密來攻擊他。同時聽到祕密之後，不論你有多麼生氣，都必須信守諾言，不能用任何方式懲罰他；只要有被出賣的感覺，以後他就再也不會對你坦白。

在心理學家的眼中，祕密就像未爆彈，假如沒有經過適當的處理，那不管距離多麼遙遠，時間相隔多久，都仍然具有潛在的殺傷力量。

07 愛搞神祕的心理

談感情的時候，有一種情人很難打開他的心門，他不愛分享自己的生活，不喜歡討論自己的事情，也不想要被瞭解，無論交往時間多久，還是會覺得自己不瞭解對方，總覺得彼此間有一道巨大厚重的圍牆，怎麼努力都無法讓對方卸下心防，說出自己的感受、想法、需要，讓人充滿無力感。

芊慧為了保持身材勤跑健身房運動，沒多久就認識也常常一個人來運動的啟俊。芊慧默默觀察啟俊一段時間，覺得他好厲害，能夠將肌肉線條鍛鍊得非常漂亮，便鼓起勇氣詢問他：「是怎麼做到的？」沒有想到外表酷酷的啟俊居然樂於跟自己分享健身心得，而且還主動帶領芊慧一起做，這一指導讓芊慧對運動產生極大興趣，一沒事就往健身房裡跑。

為了感謝啟俊的教導，芊慧開始主動邀請啟俊吃飯、喝飲料，兩個人也越走越近，芊慧發現自己對啟俊好像動了真情，會想更進一步瞭解啟俊的背景：平時都在做些什麼？家裡有哪些人？一個人住，還是跟家人同住呢？但是，啟俊對於個人的生活隱私都輕輕帶過，立刻把談話重點轉回芊慧身上。

原本就很開放的芊慧自然分享自己從小到大的經歷，爸爸媽媽都是公務員、家裡有弟弟跟自己兩個小孩，爺爺奶奶家住哪，還介紹同學給啟俊認識，幾乎每次約會都是芊慧一個人敘述自己發生的事情，輪到啟俊的時候，他總是回答：「我的生活真的很無聊，沒有妳那麼好玩。」

在別人眼中，芊慧和啟俊就像一對情侶，但是讓芊慧想不通的是，啟俊接受芊慧的邀約，也參與她的社交圈子，卻不開放自己的世界讓芊慧進入。好像每個碰過啟俊的朋友對他共同的印象都是：「好神祕，謎一樣的人，讓人摸不清楚。」偏偏芊慧是一個好奇寶寶，越神祕就越激發她想要一探究竟的慾望，更積極主動詢問啟俊：「你在忙什麼，怎麼都不告訴我？」

而啟俊只是簡單回覆：「就是工作、運動啊，妳都看到的啊。」這樣當然無法滿足芊慧的好奇心，芊慧恨不得有一件隱形斗篷可以偷偷跟著啟俊回家，看他平常到底都在做些什麼？漸漸的，芊慧變得越來越愛幻想，忍不住去想像啟俊的私生活，整個人神經兮兮，覺得完全不像以前的自己。

談戀愛的時候，如果有太多不透明的狀況，或是行蹤常常搞神祕，雙方就很難建立信任感。讓人很想瞭解是，何以一個人會喜歡搞神祕呢？

■行程搞神祕的情人

無論去哪裡都不想跟伴侶報告的人，有可能是個性不受拘束，習慣我行我素，常會臨時起意，愛去哪裡就去哪裡，跟著感覺走的人。也可能是個性孤僻，**不喜歡跟別人交代清楚，「清楚」會讓他們感到「不安」**。

想要試圖改變他們，很容易引發衝突；若要跟他們繼續相處，最好接受他們「不確定」、「不公開」、「不透明」的特質，不然很容易陷入焦慮的深淵。

■家人搞神祕的情人

交往之後，倘若發現伴侶會刻意隱藏家人的訊息不說，代表對方個性上「隱藏我——私密之窗」的部分比較大，有可能是因為不欲人知的童年往事；也有可能是因為家人讓他們覺得羞愧丟臉、抬不起頭；也有可能過去的戀情曾經因為家人曝光而宣告結束，才會如此保密。

碰到這樣的狀況，最好以時間換取信任，慢慢讓對方相信，**你不會因為他的家人而拋棄離開他**，等安全感建立好了自然會讓家人曝光。

08 談戀愛被劈腿的心理歷程

諮商的過程中，很多女孩告訴我：「沒有經歷過被劈腿、背叛之前，都會斬釘截鐵地說：對方劈腿就分手。」沒有任何餘地，沒有什麼好談的。

但是真的遇到了，大多數女孩們卻無法說走就走，甚至會陷入情緒的泥沼裡動彈不得。

這個時候，會湧現大量憤怒的情緒，邊哭邊追問：「如果你愛我，怎麼會做出傷害我的事情？」在對方道歉、補償、加倍疼愛下，又心軟告訴自己：「再給他一次機會吧！」畢竟兩個人是如此契合，從興趣到個性都是天造地設的一對；更何況他對我真的很好，人難免會犯錯迷失。

■無法斷開的情感糾葛

遭受背叛後，身心會進入警醒狀態，聽到敏感的關鍵字眼和地點，立刻陷入惶惶不安中，內心處於矛盾糾葛中，一方面享受愛情的片刻愉悅時光，另方面獨自承受不斷蔓延的疑慮不安：「萬一他又劈腿怎麼辦？」

然後忍不住跟對方崩潰呼喊：「你想清楚，做出明確決定，不然我們就分手。」雖然嘴吧上不知跟對方提過多少次：「我們還是分手好了」，但心思、腳步就是無法離開背叛者。

好不容易情緒慢慢平復下來，以為背叛風暴會逐漸遠去，卻又在無意間看到對方手機裡有不明女孩的親暱訊息。

當心靈擺盪在「期待對方痛改前非」與「失望對方再度毀諾」之間，這個時候，女孩會開始痛恨自己為什麼要相信他，進入懊惱、自責、後悔的情緒中。

被背叛後，最難熬的是，會自動出現強迫性思考、強迫性畫面：情人與別人親密的畫面、文字、訊息就像鬼魅般纏繞著自己，無論何時何地都會自動播放、自動連結，讓心理飽受折磨。

■情感創傷階段

對心理而言，背叛劈腿屬於「消極強化物」，「消極強化物」能幫助女孩們降低痛苦，正如俗話說「一朝被蛇咬，十年怕草繩」，為了避免被蛇咬的痛苦，女孩們會迴避危險的來源。值得注意的是，經過「消極強化物」而學來的習慣是很難消除的，往往會形成強迫性的行為。

這個時候，就進入感情創傷階段，**會做反覆的噩夢，很難信任情人，也不再相信愛情**。拖著受創的心靈，迷失在愛情的城堡裡，每一步都走得好心痛，而之所以會困在痛苦裡，是因為女孩們「想要」：情人忠誠專一，只愛自己一個人；事實卻「不能」：他依然感情出軌，無視自己的痛苦。

當女孩把注意力放在情人身上，會開始質疑自己的選擇與判斷，也會對自己的魅力失去信心。

■愛情作為自我探索的道路

這個時候，如果女孩可以把注意力從情人身上移回自己身上，**將心理能量放在「可**

以為自己做些什麼」，而不是投注在「無法掌控的情人」身上，勇敢拿回愛情的主導權，就會發現，傷痛裡蘊含大量的養分，女孩會學到深層看懂一個人的個性特質，會學到什麼個性特質的人適合自己，會學到重視自己的感受需求，會學到經營平等尊重的感情關係。

愛情是一條自我探索的道路，走過崎嶇的旅程後，會得到寶貴難忘的禮物，最重要的是瞭解自己的成長歷程，何以偏愛情感不忠的情人，他們身上有什麼吸引自己的特質，才能避免一再輪迴於背叛的痛苦裡。

09 伴侶外遇後的心理歷程

結婚之後就共同創業的夫妻檔朋友，歷經金融風暴，產業變遷的衝擊，度過一波接著一波的考驗，最後終於擁有固定的客戶，就當公司營運逐漸步上軌道之際，卻爆出先生外遇的晴天霹靂。

太太常常一手抱著孩子，一手擦拭止不住的淚水：「他不為我著想，也要替孩子設想啊。」或是莫名悲從中來：「我真是笨的可憐，傻呼呼做他免費的佣人，還自以為幸福。」從來不知道自己會湧現這麼多情緒，連她自己都嚇了一跳，開始自我責備：「為什麼我如此沒用？就不能夠堅強一點。」

實在受不了自己的情緒，她開始生氣：「我為什麼要氣成這樣？」甚至懷疑自己：「我以前不是這樣不理智的女人，現在怎麼變成這樣？」

經過各方苦勸，先生最後選擇回到她的身邊，但她依然不開心，常會忍不住質問先生：「既然你那麼愛那個女人，為何還要回來？」每次只要她一提起先生外遇的事情，想要弄個清楚：「當初你為什麼要背叛我？」或者想要知道：「你比較愛我？還是比較愛那個女人？」先生就會用不耐煩的口氣制止她：「事情都過去了，妳為何還要舊事重提？」先生的回應引發她更大的情緒反彈：「為什麼我連問都不能問？你是不是心裡有鬼？」

好不容易營造出來的和平氣氛，就在她的質問下又恢復戰場，她對自己的表現更加氣憤：「為什麼做錯事情的人反倒變成是我？」、「為什麼需要調整的人是我，而不是他？」而當她跟母親傾訴所受的委屈時，母親也把矛頭指向她：「人回來就好，妳不要再把他往外推。」或是直接跟她下達指令：「忍一忍就過去了，妳不要鑽牛角尖，別無事生非。」家人不支持自己，先生不安撫自己，這股宣洩不了的情緒，快將她折磨到不成人形。

諮商的經驗發現，伴侶外遇後會歷經不同的心理階段：

■剛發現的階段

很多當事人都是無意間發現的，像是對方手機突然跳出的訊息、LINE的對話，邊看邊情緒湧現，**邊看邊拍下來存證，之後還會反覆閱讀這些訊息**、情話，然後猜測他們的感情深度有多深，究竟愛到什麼程度，有發生性愛關係嗎？

這個時候會陷入天人交戰，要不要跟另一半對質？接著開始對照伴侶外遇後的行程表，原來他說要加班是騙人的，原來他說要出差是去約會，原來他說去打球是去上旅館，只要有空就開始拼湊伴侶講的謊言，想要找出線索。

■接下來，就會進入「震驚期」

外遇後最**常見的身心狀況就是失眠**，無法入睡，一閉上眼睛，伴侶外遇相關的影像、他們的對話、情話不停冒出來，完全無法停止。反應在身體上，會出現發抖、心悸、胸悶、頭暈、呼吸不過來、快昏倒的狀況。

■ **然後進入「焦慮期」**

擔心伴侶會偷偷跟外遇對象約會，會忍不住開始監控、蒐集外遇證據，**查證對方的行蹤**，整個人心神不寧、疑神疑鬼。

■ **最後受不了，就進入「質問期」**

想要知道伴侶外遇的真相，開始每天晚上忍不住質問伴侶外遇的細節：什麼時候開始的？為什麼要背叛自己？為什麼要這樣對我？**要求伴侶跟外遇對象相處的所有細節都要交代清楚**。

而受傷者之所以會反覆質問，目的是希望伴侶避免再跟第三者見面、約會。當身心飽受煎熬，情緒自然暴躁易怒，隨時都可能跟伴侶進入尖銳的質詢對話。

■ **隨著情緒憤怒、痛苦、絕望，接下來進入「懷疑矛盾期」**

伴侶外遇後，內心會出現**各種矛盾掙扎**的聲音：

* 我們還能和好如初嗎？
* 我還能信任你嗎？
* 伴侶已經不愛自己了，婚姻繼續下去還有意義嗎？
* 為對方付出這麼多，自己是不是做錯決定了？
* 為了孩子勉強在一起，值得嗎？

這些答案需要一點時間才能浮現，需要有點耐心等待，才能做出最適合自己的選擇。

■想分開卻無法走出婚姻

當痛苦湧現時，很多受傷者會想要立刻離開婚姻，但沒多久又轉換成擔心的情緒：

* 家族沒有人離婚，我不能離。
* 害怕孤單，萬一離婚後再也找不到伴，怎麼辦。
* 擔心會影響孩子，自己很失敗沒能給孩子一個完整的家。

心靈不斷擺盪在**「想要離婚卻又走不了」的矛盾中**，接下來會生氣自己何以這麼沒用，不能下定決心離開。

■一再的背叛與重複的承諾

經歷伴侶外遇後，最大的傷害就是，選擇原諒對方，對方卻毀諾，一再的背叛、重複的承諾，這個時候，更會面臨身心瓦解、信任崩盤的危機。時間不會是「最好的解藥」，**需要及時療癒創傷，才能避免被憂鬱侵襲**，活出屬於自己的生命光彩。

—測驗—

「外遇體質」可以診斷出來嗎？

假如很擔心伴侶感情出軌，與其整天提心吊膽過日子，不如提起筆來做做下面這個測驗，或許可以從伴侶的行為模式中找到一些線索，看看他有沒有「外遇體質」。

(1) 伴侶是否很容易受到周圍環境或氣氛的影響？

• 是□　否□

(2) 伴侶是否經常會對異性產生各種不同的幻想？

• 是□　否□

(3) 談到或看到跟性有關的事情，如寫真集、電影電視中的性愛畫面，或網路影片、A片，伴侶就會變得特別有精神？

• 是□　否□

(4) 伴侶是否會刻意打扮，以吸引異性的注目？

• 是□　　否□

(5) 伴侶是否會常常做有性愛情境的夢？

• 是□　　否□

(6) 伴侶是否酷愛嘗試各種激情的性愛遊戲？

• 是□　　否□

(7) 伴侶是否會投入大量的時間和精力談情說愛、與人聊天？

• 是□　　否□

(8) 伴侶是否有過出軌的不忠紀錄？

• 是□　　否□

(9) 伴侶是否曾經交往多個對象？

• 是□　　否□

(10) 伴侶的依附關係是否屬於矛盾、逃避、不穩定的狀況？

• 是□　　否□

(11) 伴侶父母的婚姻是否有高度的衝突？

• 是□　　否□

(12) 伴侶是否在感情中投入較少、不願承諾？

• 是□　　否□

(13) 伴侶是否長年在國外工作、經常出差？

• 是□　　否□

(14) 伴侶對自己的外表、能力、財富、名位感到驕傲？

• 是□　　否□

(15) 伴侶的年紀是否小於三十五歲，或是大於五十歲？

• 是□　　否□

答案中「是」越多，就越需要多關注伴侶的情緒與行為改變；「否」越多，就意味自己可能太過緊張。

每個人對刺激的需求都不一樣，就像吃東西的口味人人不同，有人喜歡清淡，有人偏好酸辣。刺激需求高的人，在生活變得安定規律時，就會覺得枯燥乏味；而刺激需求低的人，當生活充滿挑戰時，就會覺得壓力太大。在親密關係中，**雙方對刺激的需求是否一致**，是一個不可忽視的重要議題。

伴侶的刺激需求是高？是低？

對刺激需求高的人來說，當生活變得安定規律，不再起任何變化時，他們就會覺得人生枯燥乏味，做什麼事情都提不起勁來。相反的，對刺激需求低的人而言，當生活變化多端，需要同時應付各種狀況時，他們亦會神經緊繃，無法承受過重的壓力。

根據我的長期觀察，酷愛冒險刺激的人，多半有下面這些人格特質：

* 喜歡從事生活探險，嘗試沒有做過的事情。
* 經常會跟別人討論自己的冒險之旅。
* 不斷追求新奇的事物，不會錯過任何新產品。
* 熱愛認識新朋友，學習新事物。
* 精力過剩，永遠停不下來。
* 在親密關係中，需要強烈的興奮感，才能得到滿足。

不過，同樣是追求刺激，每個人熱愛的項目不太一樣，有些人追求的是「感官刺激」；有些人追求的是「感覺刺激」。在追求刺激的類型中，有一群是追求性愛的刺激，他們欣賞各種不同類型的性愛對象，所有追求對象在他們的眼中，都有與眾不同的優點，以及值得誇獎的魅力。也因此，他們也不喜歡做重複的事情，不管伴侶有多少優點，或多大的魅力，他們依然無法固定下來。

如果要刺激需求高的人，壓抑追求新鮮感的衝動，那他們就會莫名其妙的情緒沮喪，不只會對親密關係感到厭倦，甚至連生活都會感到無聊。

當你愛上一個人，並且決定和他長相廝守時，不妨花點心思瞭解：對方的刺激需求是高？或是低？然後再反問自己相同的問題。因為**在親密關係中，很難壓抑慾望，只能順從渴望**，所以，倘若自己或親密伴侶是屬於刺激需求強烈的族群，就要做好情感上需要冒險犯難的心理準備了。

伴侶覺得最無聊的三件事情是什麼？

有個男性朋友曾經跟我抱怨過「世界上最無聊的三件事情」：

＊第一件事情是，跟朋友打麻將不算錢。
＊第二件事情是，教自己的親妹妹游泳。
＊第三件事情是，跟自己的太太跳三貼舞。

這三件事情乍看之下，似乎互不相干，其實有一個共通點，就是都不夠刺激。同樣的問題如果拿去問不同的人，得到的答案也不太一樣，另一個男性朋友的答案便完全不同，他認為世界上最無聊的三件事情，一是洗碗，二是釣魚，三是結婚；而這三件事的共同性則是，都必須固定待在一個地方不能亂跑，缺乏變化的感覺，讓朋友感到窒息。

從伴侶覺得最無聊的三件事情，或多或少可以看出他不喜歡的事物是什麼？裡面有什麼共同性？還蠻有參考的價值。

10 關於外遇的迷思

諮商的過程中，發現有很多關於外遇的迷思，事實跟大家想的不太一樣，下面整理出常見的外遇迷思：

■和諧的性關係是否真能避免婚外情的發生？

如果伴侶間的性關係不好，就會導致外遇和婚姻不幸福。事實是，很多發生外遇的伴侶性關係都還蠻協調的，感情也非常融洽恩愛，也因此，伴侶關係越好，發現外遇的衝擊就越大。

■婚姻真的不需要強調性生活嗎？

性愛與婚姻關係，沒有多大關聯，老夫老妻都是這樣的。這個觀念是一個很大的迷思，事實是，婚姻中的「性關係」與婚姻的「滿意度」是有顯著相關的，對男性尤其重要，婚姻幸福的先決條件是「性生活滿足」，與「婚姻品質」的滿意度是互相關聯的，所以，還是要用心經營性生活。

■性關係能解決婚姻中的衝突嗎？

性愛可以產生親密感，事實是，性愛可以製造身體的親近感，卻不能拉近心理的親密感，感受良好對女性特別重要，不少丈夫習慣透過性關係來化解衝突，但另一半往往不領情，還是要瞭解、照顧伴侶的情緒與感受。

■幸福的婚姻是否真的能完全解決性問題？

婚姻幸福就不會有性困擾，事實是，工作壓力與子女教養，都會引發性困擾，重要的是，互相關心彼此的身心狀況。

■性愛的頻率，能真實反映一段關係的和諧與幸福程度嗎？

性愛頻率的多寡，會顯示出彼此關係是否協調、幸福。事實是，性愛頻率會受到情緒狀態以及身體疲勞程度的影響，譬如，孩子哭鬧讓人心神不寧，或是照顧孩子花費太多精神，已經無心無力經營性愛關係，因此，不能單憑性愛頻率多寡，作為「感情幸福指標」的唯一參考。

■「文科男」是否比「理科男」更容易有外遇？

刻板印象經常將「文科男」描繪為感性且開放，相對地，「理科男」則被認為是理性且內斂。根據這些標籤，有些人會認為「文科男」較可能有外遇，相反地，「理科男」則不太可能這麼做。但實際上，在科學園區工作的人們都知道，這種說法實際上是一個大迷思。

■對婚姻有責任感的人，就不會外遇嗎？

有責任感的人不會外遇？諮商的過程中碰過太多在家人眼中是「好伴侶、好爸爸」

的人，依然可能會有外遇，會引發外遇，有時候跟當時心理的轉折有關，不少肩負太多責任、自我要求很高的人，往往會不自覺承受過多壓力，這個時候就可能會渴望擁有一個輕鬆自在的空間，讓自己喘口氣。

■戀愛時的忠誠，能否預示婚後無外遇的生活？

談戀愛的時候不會劈腿，結婚後比較不會外遇，事實是，很多堅信自己不可能會外遇的伴侶，都有可能因為某些特殊狀況而感情出軌。

■伴侶的穿著打扮，能預測他們是否會有外遇嗎？

注重穿著的伴侶比較會有外遇，邋遢不修邊幅的伴侶比較不會有外遇。事實是，不注重外表的伴侶可能會因為其他因素而感情出軌，像是跟第三者天天相處，或是第三者很會照顧人，都有可能會開展一段婚外情。

■那些反對婚外情的人，真的不會外遇嗎？

討厭家人外遇，不認同婚外情的人，比較不會發生外遇。事實是，不少外遇者都會感到懊惱與自責，自己做了「自己最討厭的行為」。

■老實且生活簡單的人，真的較少發生外遇嗎？

個性老實、生活簡單的人，比較不會有外遇，事實是，很多受傷者都覺得自己被伴侶的表象所欺騙，從來沒有想過伴侶會背叛自己，也因此很難接受事實。

■出軌，僅僅是為了性關係嗎？

很多人認為伴侶會外遇是因為對伴侶「心理疲勞」，新的對象可以帶來新鮮感，引發高度激情，感情出軌就是為了性關係，事實是，也有一些外遇狀況僅止於聊天、吃飯，彼此陪伴，還有的第三者是為了獲得關注，拒絕發生性關係。

■若提前防範，外遇真的不會發生嗎？

如果早點注意、早點預防，就不會發生外遇，事實是，很多伴侶都自認很小心防範，也相信伴侶不敢外遇，最後還是發現伴侶有外遇。

從上面的「外遇迷思」就可以發現，**外遇有各種可能，不是只有一種模式，所以，在面對外遇風暴時，無須自我責備**，或是懷疑自己的魅力不足，盡可能把能量流動到自我照顧，把心力放在彼此身上，探索關係還有哪些可能性。

11 當外遇導致親密關係的致命後果

有國外學者研究指出，在伴侶外遇後，受傷者會經歷九種失落感，包括：失去自我的認同感，失去被珍視的感受，失去自我價值感，失去自尊，失去對自我身心的掌控，失去生命秩序與宇宙正義的基本感受，失去對宗教的信心，失去與他人的聯繫，以及失去求生意志。

曾有一位朋友，在先生外遇之後，她最初的情緒非常大量，夜夜難以入睡，不斷地問先生為何如此對待她。突然有一天，她對先生及周圍的家人說：「我想通了，沒關係了。」一家人聽後非常高興，認為她終於走出陰霾，但沒想到，她卻陷入了自我傷害。

被伴侶背叛後除了可能會自我傷害外，也有可能會導致親密暴力的急性危險因子，根據統計，國內親密殺人案件中，**因為伴侶不忠而殺人的比例高居第二位**，這是因為感情不忠、外遇背叛，會傷害到伴侶的自尊心與適應力。

國內犯罪研究學者邱獻輝曾邀請十位「認定伴侶不貞的男性親密殺人者」進行深度訪談。此外，他也審閱了這些男性親密殺人者的判決書、社工紀錄及犯罪紀錄。他的研究揭示了男性從最初的想法到最終行動的「四個歷程範疇」：

* **第一個歷程是「思維：關係主義的男性貞節信念」**。這個階段指的是某些男性對感情忠誠和道德貞節的堅定信念。例如，一位男性可能堅信他的伴侶應完全忠於他，對任何可能的不忠行為無法接受。
* **第二個歷程是「遠因：角色默契消逝的伴侶衝突」**。在這階段，長久以來伴侶關係裡建立的默契和相互理解逐漸瓦解，引發了衝突與矛盾。舉例來說，一對夫妻可能曾共識彼此的工作時間和社交活動，然而隨著時間的流逝，這分默契開始消失，最終導致雙方的不滿與爭執。
* **第三個歷程是「近因：信任崩解後的敵意湧現」**。當信任關係崩潰後，夫妻雙方可能開始產生敵意，對對方的行為或動機抱有疑慮。舉例來說，即便缺乏確切證

據，一位丈夫可能開始質疑妻子的忠誠，這樣的不信任和猜疑逐漸加深，有可能進一步加劇兩人的關係緊張。

＊第四個歷程是「爆發：親密暴力質變、憤恨殺害伴侶」，以及殺死伴侶後的「回首：後悔」。這個階段是整個過程的高潮和終點。由於累積的不滿和衝突達到極點，可能導致一系列暴力行為，包括殺害伴侶。這種行為通常在極度情緒激動和憤怒下發生。然而，行為過後，情緒平息時，行凶者常感到極大的後悔和自責。

這些男性親密殺人者中，有些人是屬於反社會性格傾向，他們通常伴有犯罪、暴力傾向、酒精與毒品濫用的狀況；然而，也有一些並無人格異常，他們在遇到急性重大危機時，出現嚴重的身心症狀，卻因缺乏適時適當的介入協助，有可能發生殺害伴侶的憾事。

殺死不忠伴侶者常見的心理與情緒特徵包括：他們在殺害伴侶前，通常已經承受了過度的負面情緒和急性壓力，而在情緒崩潰的激情性危機中，雙方的激烈衝突頻率和強度急劇上升，最終惡化成殺害伴侶的行為。

也有的親密殺人者呈現依賴或邊緣性格傾向，在跟伴侶爭吵失和，雙方關係結束；或是在性關係上的猜忌，彼此猜忌加上敵意不斷惡化，以致信任崩解，產生強烈的嫉妒等分離因素出現後殺害伴侶，且常在殺害伴侶後自殺。

其中也有男性親密殺人者是「以家庭為重、子女優先」，將「自我情感需求」放在後面，為了照顧子女的需要，而勉強與不忠的妻子維繫關係，但因互動過程中彼此衝突不斷，對妻子的憤恨不斷累積，最終導致悲劇發生。

此外，這些男性親密殺人者最常抱怨外遇者的地方，大多在指責伴侶未盡家務、育兒之責，才會讓他們忍無可忍，採取激烈的毀滅行為。

伴侶外遇後，**受傷者常會出現高強度的被拋棄創傷歷程，進而引發他們產生極度的羞辱感與敵意，導致危及自我的警訊。**通常這時候他們的注意力會很窄化、僵化，若出現情緒失控、行為衝動，演變成親密殺人的機率就可能會大幅升高。

研究推測，「信任崩解後的敵意湧現」可能是惡化親密暴力的原因之一。因此，**無論雙方未來是選擇「離婚分開」還是「修復關係」的方向，都應建立「溝通對話」的平台，以避免悲劇的發生。**

12 男性找性工作者的心理

諮商的過程中發現，不少外遇者感情出軌的對象是「性工作者」，**對男性而言，他們大多不認為這樣算是外遇，最多只算是慾望紓解的管道**；相反的，對女性來說，身體出軌當然算是外遇，而且光是稱呼就很有意義，男性伴侶會稱之為「買春」，女性伴侶會稱之為「嫖妓」，身為心理師的我則自動調整成「找性工作者」。

很多女性伴侶會無法理解：何以男性要找性工作者？是自己無法滿足伴侶？還是對方心理有什麼狀況？在分析「男性找性工作者的心理」前，先講一些朋友的故事，或許更能深入瞭解男性心理。

大夥一起尋找刺激

身邊一群自命不凡的主管級男性朋友，為了幫其中一個哥兒們過「四十大壽」而絞盡腦汁，而之所以會如此傷腦筋，並非他們「乖到不會玩」，而是他們「該玩的都玩過了」，也因此，這場派對美其名「為朋友過生日」，其實是「為自己找刺激」。

究竟什麼樣的節目能同時滿足壽星與賓客的感官刺激呢？他們否決了一堆不夠刺激的慶生提案，最後決定在五星級飯店慶生。為了給壽星一個畢生難忘的驚喜，他們透過各種人脈關係，找到全台口碑最好、身價最高的性工作者，並且不惜重金，大方租下兩間五星級套房，一間佈置得充滿挑逗氣氛，讓壽星得以徹底解放情慾；一間擺放各種偷窺器材，讓賓客可以盡情大飽眼福。令人好奇的是，哪個房間的男性得到較高的情緒滿足？

朋友事後透露，偷窺好友與性工作者交歡的那間男性友人，似乎表現得更為興奮，他們既激動又熱烈地討論當天的所見所聞，時間長達一個月之久，大概到明年壽星生日之前，這個話題都不會退燒。

光聽朋友轉述的二手報導，就讓我上了一堂震撼教育，我很訝異，朋友可以如此坦白的在女性朋友面前談論找性工作者的心得。男性朋友還表示，他們不只會把自己「滿意的性工作者」當成禮物，送給哥兒們，也會要求哥兒們比照辦理，並直接主動提出：「你玩夠了，該輪到我們了吧。」還有哥兒們也會一起相約出國去尋歡。

放鬆身心壓力的管道

曾經聽過一位有潔癖的男性友人趁著出差機會，去找性工作者的故事後，就比較不會從一個人的外貌、人格特質、工作類型來判斷：對方是否會找性工作者。

在女性朋友眼中，這個男性朋友算得上是優質的理想結婚對象，穿著有品味、談吐有內涵，事業有基礎，個性很體貼，也因此，當我聽到一群男性友人笑他說：「連買春都像擔任選美比賽的評審，研究老半天還拿不定主意」時，平心而論，內心還是有受到一點衝擊。

不少男性都是趁著出差出國的空檔，想要放鬆心情、紓解壓力而去找性工作者。這讓我聯想起，以前出國工作，約莫到了傍晚時分，男性團員便會很有默契地互相打探消息：「晚上這裡有什麼娛樂？」或是彼此邀約：「待會要不要去喝杯小酒，放鬆一下？」

男性找性工作者的八大理由

男性找性工作者的需求並非完全一樣，我認識一位每月光租金收入就高達上千萬元的黃金單身漢，對每個跟他發生關係的性工作者都非常大方，若是在交易的過程中讓他動了感情，更會不惜代價的包養對方。這位男性朋友包養對方的目的，不是為了玩性愛遊戲，而是要享受「妻妾成群」的滿足感，看著對方為了獲得關愛寵幸，爭相伺候取悅自己的樣子，幸福感油然而生。在此，我歸納出八個男性找性工作者的理由：

1. 當男性長時間與妻子女友相隔兩地，就有可能透過找性工作者的方式紓解情慾。
2. 基於生意上的需要，在場的哥兒們都下去玩了，自己當然也不能置身事外假裝清高，必須跟著大夥一起玩，才能建立兄弟情誼。

3.好奇心作祟，身為男性如果沒有找過性工作者，就不能算是個見過世面的男性。

4.為了尋求刺激，渴望能和各種不同類型的女性從事親密關係，嘗試不同的感官滋味。

5.自己性慾太過強大，妻子、女友無法滿足性需求，或是有特殊的性偏好，尤其是會貶抑自尊的性偏好，無法跟伴侶啟齒，只好向外發展，找性工作者滿足性偏好。

6.婚姻生活不協調，找性工作者發洩是最簡單快速的管道，既無須培養感情，也不必擔心將來會牽扯不清，而且無論愛與不愛，對方都會使出渾身解數讓顧客達到高潮。

7.自己的第一次性經驗是跟性工作者，從此養成找性工作者的習慣，即使已經結婚有伴侶，仍然保有這個習慣，每隔一段時間就會找性工作者。

8.自尊心低落，只有在性工作者面前，才能感受自己的優越感，展現男性氣概。

上面八個男性找性工作者的理由，身為伴侶，能夠接受哪一個？幾乎所有被問到的女性朋友的答案都相同：「全部不能接受」。唯一的差別是，已婚和未婚的「容忍度」不同。

一個未婚的女性朋友才聽到「性工作者」，聲音立刻提高八度：「找我就好了，幹麼要拿錢去給別人花。」另一個未婚的女性朋友寧可男友劈腿外遇，也不願他找性工作者發洩，原因是：「假如他愛上第三者，我還會自我反省，是否自己太過強勢？但若他找性工作者，我會覺得自己太沒面子了。」有位朋友更斬釘截鐵地強調：「任何狀況都不可以，否則一輩子難過，只要發生親密行為，就會勾起這段不堪的回憶，永遠無法抹滅。」

儘管已婚的女性朋友亦不能接受伴侶找性工作者的事實，可是在態度上較為緩和，其中一位已婚的女性友人的反應讓我印象深刻，她先露出飽受驚嚇的表情：「為什麼要問這個問題？難道我先生做了不可告人之事？」接著她用無可奈何的語調回答：「他會向外發展，就代表我滿足不了他，心裡雖不能接受，但我仍會原諒他。」

有個男性朋友的觀點是，男性結婚之後，與其偷情搞外遇，不如花錢找性工作者，銀貨兩訖，以防後患無窮。事實上，**很多男性都認為，花錢找性工作者對婚姻比較「安**

全有保障」，從事心理諮商十五年，我不得不說，這個想法並不符合真實狀況，這樣的做法，對伴侶的傷害一樣很深，對心靈的破壞一樣很大。

生活中聽過太多男性找性工作者後罹患性病卻不告知伴侶的悲慘故事，有同理心的，會悄悄等自己的性病醫治好了，再與伴侶發生親密關係，背後原因其實是害怕伴侶發現他去找性工作者，會責備自己。沒有同理心的，明知自己有性病，仍和伴侶發生關係，全然不顧對方的身體健康。何以男性不會害怕「玩出毛病」？這個問題我請教過很多男性友人，得到的答案都差不多：「應該不會這麼倒楣吧。」或是非常有信心的表示：「我有做好萬全的防護措施，不會中標的。」不管男性找性工作者的理由是什麼，對伴侶而言，都是外遇和背叛，經歷的身心痛苦都是同樣煎熬的，如果真心疼愛伴侶，還是要多思考，伴侶知道後會有什麼後果。

13 各種不同類型第三者的心理及應對之道

面對外遇風暴時，很常陪伴受傷者一起討論：如何應對第三者，才能讓外遇伴侶回歸家庭？以及如何避免為第三者宣傳，把外遇伴侶推得更遠？雖然第三者會有共同的心理狀態，但在應對時，還是要摸清各種不同類型第三者的親密需求與人格特質，有助於思考如何挽回外遇伴侶的心。

想要瞭解第三者，需要知道對方的工作角色、語言邏輯、內心需求，以及從伴侶身上想獲得什麼。另一方面，從外遇伴侶與第三者互動的過程中，可以更進一步瞭解外遇伴侶的感情需求，以及自己與伴侶的親密互動模式與第三者的不同，幫助自己與伴侶未來更好地經營親密關係。

許多受傷者都曾對我說過同一句話：「第三者做得到，我也做得到。」這句話背後雖然包含了不服輸、好勝的心理，但若能不扭曲自己的感受、不背叛自己的意志，靜下心來思考，實際上可以發現自己與伴侶相處的盲點，並從不同角度審視婚姻的議題。

■日久生情的第三者

不少第三者原本扮演的角色，是為「上司情人」處理大小行程的細心祕書，或是跟前跟後的貼身助理，慢慢成為彼此生活中不可或缺的人，關係就很容易變質。在工作上，她們既欣賞「上司情人」的權力魅力，同時也需要服從「上司情人」的指令，這樣的上下關係，讓她們可以名正言順跟著「上司情人」出雙入對，也很容易降低成為第三者的罪惡感。

日久生情的第三者或許從來沒有想過自己會介入別人的感情，當「上司情人」對她表達愛意時，她甚至會感到受寵若驚，不敢相信對方會看上自己，當雙方關係越來越近時，她們會發現自己面對「上司情人」時比較不會有壓力，不知不覺陷入情網中，之後就很難再抽身。

由於日久生情的第三者是屬於**「工作及生活上的必需品」**，所以並不容易讓他們分開，一但外遇事實被伴侶發現，「上司情人」很可能還會怒罵伴侶，以保住第三者的工作，如果外遇者的安排與做法讓受傷伴侶很難接受，心理創傷自然也會比較難療癒。

■革命感情的第三者

兩個人一起承接公司案子，共同跑某個客戶，**上班並肩打拚，下班共商對策**，彼此分享挫折感受，一起品嘗工作成果，除了上班聊天外，分開後也會不斷互傳訊息，快速形成革命伴侶的關係。

革命感情的第三者等到專案告一段落，如果各自又有別的任務在身，或是又有其他緊密的夥伴加入，或許關係會暫時告一段落。

■職業級的第三者

「職業級的第三者」也有不同的類型，一種是談戀愛的對象專門找已婚男性，她們透過「第三者」的角色來獲得利益，情人只是幫助她們達到目標、累積財富的工具，對她們而言，當「第三者」的好處很多，麻煩很少，無須承諾，遇到更有價值的對象立刻可以結束上一段，開啟下一段關係，何樂而不為。

另外一種「職業級的第三者」則是因為工作的需要，非常善於帶動開心的氣氛，讓情人跟她們相處時可以暫時卸下沉重的壓力，輕鬆享受下班後的休閒時光。還有她們也**很懂得成功男性的心理**，時刻注意情人的各種需求，一個眼神就知道對方要紙巾，主動為情人剝蝦殼，細心為情人把水果去籽，不用情人開口，所有細節都周到伺候。

除此之外，她們也很樂於聆聽情人的心聲，知道如何營造戀愛的感覺，讓情人覺得自己很有魅力、討人喜歡，更懂得適時滿足情人的心理需求，互動的過程中及時讚美、肯定情人，尊重、在意情人的感覺，每句話都說得恰到好處，讓情人對自己有正向感受。

當受傷伴侶面對「職業級的第三者」時，常常會有很複雜的情緒，明明知道對方做的都是伴侶受用的、想要的，但是自己就是不想跟對方一樣，有時候矛盾的心理也會讓受傷伴侶陷入內外交戰，既耗損心理能量，也榨乾對外遇者僅存的情感，進而感到身心俱疲。

■渴望結婚的第三者

渴望結婚的第三者在交往之初，就會跟情人提出「承諾離婚」的要求，通常情人在慾望高漲的狀況下，會先答應下來，之後雙方就會進入長期拉扯衝突的相處模式中，這類型的第三者會一直詢問情人：

＊什麼時候離婚？

＊跟太太提離婚了沒有？

＊你騙我，你根本沒跟太太提離婚，對不對？

甚至有情人在被逼到沒辦法的時候，只好變造假的已經離婚的證明來應急。當催逼離婚的壓力越來越大，渴望結婚的第三者也會陷入「認知失調」的狀態。當第三者投入越多、犧牲越多的時候，就可能會出現「認知失調」的情形，因為承認自己被欺騙，會引發強烈的心理衝突，導致巨大的緊張不安，為了消除緊張，恢復平靜，最簡單的方式就是，拒絕相信真相。

這就是何以第三者常會固守在一段痛苦的感情中，在認知上，她們會以為只要情人離婚，過往的痛苦、青春、付出就沒有白費，所以她們會**想盡辦法逼迫情人離婚**，通常這個時候，情人會想要脫離外遇關係，但並不容易結束關係，過程中可能會引發很多危機與突發狀況，例如有些第三者會採取極端的做法，主動找受傷伴侶談判，希望受傷者知道真相後，會生氣跟情人離婚，但結果多半也跟他們預期的不同。

■攻心為上的第三者

攻心為上的第三者非常善於瞭解情人的心理需求，每句話都讓情人覺得貼心溫暖，只要情人心理覺得不舒坦，就會想找她傾吐、說出心中的不快，講完之後還能得到情緒撫慰。

當情人來電訴苦，在談話的過程中，她的聲音始終輕柔而溫暖：「你工作那麼辛苦，今天晚上幫你按摩一下，好不好？」

「晚上你要來我這裡嗎？我下廚做幾道菜給你補一補。」如此窩心的邀請，難怪外遇者會甘冒被發現的風險也要赴約。

碰到情人交際應酬，聲音中帶著濃厚的酒意時，她更會用擔心的口吻說：「你在哪裡？我去接你，不然我放不下心。」儘管她也不喜歡情人喝酒的行為，但她的**話裡只聽得到關懷，沒有半句責備**的話語。連情人無理取鬧，懷疑她跟別人約會時，她依然能笑著對情人說：「原來你擔心這個，來跟我的朋友打聲招呼。」

面對攻心為上的第三者，連身為心理師的我都不得不佩服她們的同理心，是很難應對的，只要受傷者一有情緒，就會把外遇者推向她們。

■戀父情結的第三者

長大成人後，戀父情結的第三者仍然想當「爸爸懷裡的小女孩」，她們會依賴「情人爸爸」提供經濟資源，需要「情人爸爸」給予寵愛保護，為了贏得情人爸爸的愛，她們往往會任性地拆散別人的家庭，較不會有罪惡感。

不少戀父情結的第三者，成長的過程中都極度缺乏父愛，為了補償童年的匱乏，她們會特別偏愛年長的「情人爸爸」，相處的過程中，她們會**驕縱**、**撒嬌**，**渴望享有大量的愛與包容**。

也有些第三者會直接認情人為乾爸爸，讓經濟無虞的乾爸爸幫自己付學費，買昂貴的禮物給自己，帶自己去旅行，給自己零用錢，享受「想要什麼就有什麼」的幸福生活。

這種類型的第三者，一但內心的小女孩長大，或是不再需要「情人爸爸」的照顧與寵愛時，就會想要脫離外遇關係，有時反而是「情人爸爸」不願意放手。

■父母身分下的第三者

在當今社會，家庭和親密關係的矛盾日益普遍，尤其當涉及第三者時更是如此。先生下班回家時，意外發現妻子和同住的父親在陽台擁抱並親吻。因此事件，他堅持與妻子簽訂「生活協議書」，規定「為維持婚姻和諧，妻子不得再與父親聯繫」。之後，他們搬離父親居住。儘管如此，先生對妻子的疑慮仍未消除。有一天，他跟蹤妻子，發現父親竟與妻子在河濱公園散步，兩人親密無間。他拍下照片作為證據，隨後決定與妻子離婚，並與父親決裂。

媒體報導中，**共同居住的親家外遇事件變得越加常見**。例如，公公與媳婦間的親密關係，在傳統倫理上令人難以置信，但從心理學角度來看，這是「吸引力理論」的體現。雙方長時間相處、頻繁互動，且生活空間接近，容易激發彼此的吸引力。在現實中，這兩人本不應該發展這樣的關係，壓抑的情慾反而可能加劇吸引力，導致「羅密歐與茱麗葉效應」——即越是遭遇阻力、家人反對，他們的關係可能越密切。面對這種特殊的第三者情況，重要的是開放且誠實地溝通，瞭解彼此的感受和需求。在處理這種親密關係的衝突時，尋求專業心理諮商能夠提供更多見解與解決方案。

■主動求助的第三者

主動求助的第三者多半是親近的鄰居、朋友，她們會**從日常生活需要幫忙開始產生情感連結**：我家電燈壞了，可以麻煩來幫我看一下嗎？再基於感謝，邀請對方吃飯，表達感謝之意，之後家中大大小小事情都會連結到對方，邀請對方來看一下，聊一下，感情逐漸發展開來。此外，也有可能在幫忙的過程中，雙方肢體不小心碰觸到，一時天雷勾動地火，而爆發出一段婚外情。

這種類型的第三者，有可能是受傷者認識的鄰居、朋友，也因此，剛知道外遇真相時，會讓伴侶震驚到難以接受，甚至會感覺被雙重背叛，對人性非常失望。

■不婚主義的第三者

對抱持不婚主義的人來說，扮演第三者可說是最安全的親密關係，未來不會面臨催婚的壓力，也不用帶對方去見自己的家人，兩個人各取所需，既不用為關係負責，又可以享有很大的控制權及自由感。

這種類型的第三者，多半是因為在原生家庭受到很大的傷害，或是對原生家庭有高度的自卑感與羞愧感，認為沒有人會接受自己的家人，或是自己跟家人的關係很疏離，長年都不往來聯絡，無論是基於什麼原因，都**不希望情人跟家人見面互動**，所以，對她們而言，當第三者最沒有壓力，不用時刻擔心情人想要認識自己家人。

■煽動叛逆的第三者

當情人跟第三者抱怨另一半時，有些第三者會不斷煽動情人的情緒：「你要好好做自己，掙脫這些框架枷鎖」或是鼓勵情人：「你要自我實現，為自己而活」，或是為情人抱不平：「你已經為這個家犧牲夠多了，你不用再這麼辛苦了」，或是強調：「她看不到你的好，只有我知道你是最好的」，或是鼓動情人的委屈感受：「我很心疼你總是被欺負、被壓迫」，或是同仇敵慨地說：「她控制慾這麼強，購買慾這麼高，又愛抱怨，真不知道這麼多年你是怎麼過的」。

也有的第三者會常常買禮物、零食、水果給情人，拿回家去送給小孩，並且會強調：「就說是爸爸送的」，完全不居功。瞭解情人想要擁有自己的事業，常常會在旁鼓勵情人：「你這麼有才華有能力，不能被家庭重擔埋沒你的天才，我陪你一起實踐。」或是當一個支持者：「太太不肯幫你的，我都很願意做。」

這些**煽動人心的語言，鼓動叛逆的力量是很強大的**，特別對處於「中年危機」的情人，最容易受到影響，一但情人的情緒受到煽動，回家後對另一半的態度就會充滿憤怒與不滿，很多受傷者會莫名被遷怒，這個時候，受傷者保持鎮定不被激怒是很重要的，避免間接幫助第三者引發外遇者的情緒。

■忌妒、報復心強的第三者

有些第三者會忌妒、敵視情人的伴侶，在忌妒心的催化下，會想要貶抑情人伴侶關係的重要性，會要求情人回家後不能跟另一半同房，更不能同床，不准有親暱的稱謂，不許對另一半好。為了讓自己好過一點，她們也會安慰自己：情人只是盡責任，他對另一半早就沒有感情了。

當忌妒心強烈時，有些第三者也會忍不住跟情人的伴侶競爭，比較情人最愛誰，對誰最好，最在意誰。反過來，也會比較對方擁有什麼，憑什麼她可以擁有情人和孩子，而自己什麼都沒有，尤其是當情人回到伴侶身邊的時候，內心往往被大量湧現的不平衡情緒淹沒，就有**可能做出非理性的報復行為**。

在社會新聞中，就有第三者用刀殺死情人，也有的第三者會想要玉石俱焚，同時毀掉情人的名譽、情人伴侶的幸福：「既然他們毀掉我的一切，奪走我的幸福，我也要毀掉他們，讓他們感受我的痛苦」。

■以死威脅的第三者

有些第三者會在交往過程中透露：「沒有你我無法獨活」，讓情人覺得對方不能沒有自己，但是太太堅強獨立，沒有自己活得好好的，所以不能離開第三者，以免發生不好的事情。這種說詞對於**很容易有罪惡感，或是有「被人需要」的情人來說，就像是一**

個巨大的「心理鉤子」，會讓他不敢輕舉妄動。

如果原本說好的約會臨時被取消了，情人開始遲到或提早離開，甚至不來也不打個電話說明，當第三者開始感受情人的熱情遞減時，有些第三者會想要否認情人態度轉變的事實，努力說服自己：這些反應都是因為情人工作壓力太大，或是家庭給他的壓力太大，直到事實擺在眼前，終於看清楚情人的「欺騙行為」，對方會跟自己共組家庭的希望幻滅，再也無法視而不見時，這時強烈的痛苦、恐懼就會如水庫般爆發決堤，有些第三者為了阻止情人離開，會以死威脅，不少外遇者因為害怕對方真的自我傷害，便不斷用哄騙、拖延的方式，希望第三者能夠慢慢接受事實。但這樣的做法反而會讓第三者誤以為：「以死威脅」是有效的，不斷用死亡操控情人的心理及情緒，一個不小心，就有可能弄假成真。

14 第三者普遍共同的心理狀態

除了各種不同類型的第三者外，介入別人的感情時，也會有一些共同普遍的心理狀態，瞭解他們的心理，有助於知己知彼，找到適合的應對方式。

■我們只是朋友關係

對女性而言，「朋友的功能」是可以敞開自己，表現自己脆弱的一面，傾訴自己的感受，進而得到對方的關懷、支持，擁有親密感的對象。也因此，當女性想跟一個「對自己有吸引力但對方已經結婚」的人互動時，最常聽到的合理化藉口就是「我們只是朋友關係」。

一開始的時候，她們真的會努力維持「只是朋友」的關係，內心也很抗拒「和已婚者發生關係」，會不斷告誡自己：「我不想成為第三者」；可是，慢慢地當雙方相處的感覺越來越好，就會產生矛盾的心理：「害怕自己被對方吸引」，這個時候她們多半會決定「暫時終止朋友關係」，也會告知對方：「先不要聯絡好了」，但最後還是宣告失敗，又再度進入充滿吸引力的「朋友關係」。

而當「感情」戰勝「理智」時，她們仍然**拒絕承認「關係已經變質」**，依然認為「我們只是朋友關係」，沒有發生什麼不正常的關係，這代表她們啟動防衛機轉，否定、忽略事實，試圖保護自己的心靈。

■愛情降臨是無法控制自己的

當愛情降臨時，任誰也無法控制自己，很常聽到第三者會表示，這個情人跟我以前認識的對象都不同，他特別懂我，他特別聰明，他特別幽默，**從來沒有跟一個人這麼契合過**，我們心靈相通，他不是為了性才跟我在一起，他跟我說，只要我不想要，沒有性也沒關係，他是真的喜歡我、欣賞我、在乎我。

很多第三者的感情需求是被在乎、被重視，當情人可以拿自己的家庭當賭注，可以為了自己跟家人發生衝突，對她們而言，就可以感受到自己的重要性。

■ 專屬兩個人的祕密基地

許多外遇關係是需要保密的，不能對外公開彼此的關係，約會的時候，只能待在兩個人的「祕密基地」裡，無法像一般的情侶去餐廳吃飯、手牽手一起逛街看電影，正因為互動有「隱密性」，所以相處的點滴就只有我們兩個人知道，自然產生「我知道他所有的事情」、「他從來沒有跟別人分享的事情，就只跟我說過」，這種「只有我知道」的獨特性，彼此交換祕密，互相分享心事，在對方的面前不用偽裝，無須帶著面具，**可以真實的做自己，雙方的信任感就會變強，自我價值感也會變高**。

正因為是「祕密交往」，所以能夠相處的時間通常短暫而珍貴，正因為相處時間有限，反而可以忽略互動過程中的大小不愉快，把握難得的時光，盡情做想做的事情，不會浪費時間在爭吵。由於第三者和情人擁有很強的親密感，因此，如果外遇者在家庭感受到強大的壓力，或是不能做自己的時候，就會很想逃到「祕密基地」去喘口氣，跟第三者傾訴心中的感受。

隱藏的愛情還有一個好處，就是不用被別人評論，這也會強化第三者對這段關係的依賴性，鼓勵她投入更多的情感，付出更多的時間心力。

■不能曝光的壓抑感

當我們結交新情人時，都會很想跟周遭的親朋好友分享，透過分享，新的親密關係才能變得真實存在，如果關係不被別人認同，或是不能公開關係，就會「缺乏存在感」，這樣的關係一方面會因為沒有真實感而變得不穩定，另方面不能曝光也會產生壓抑感，所以，很多第三者在交往之後，都會想要曝光，想要參與情人的生活，渴望認識情人的社交圈，同時帶情人去跟自己的親朋好友聚會相處。

談「缺乏存在感」的愛情，倘若現實世界沒有「見證人」，不能讓周遭人知道，第三者就會蒐集證明雙方曾經交往的「見證物」，留存看電影的票根，拍情人的手、腳、身體的某個部位，一起養寵物見證兩個人的愛情。時間一久，第三者就會想要從「地下」走上「地面」，**非常想要「正大光明」見人**，不想要再躲躲藏藏了，關係越是重要，內心的衝撞越是強烈，第三者與情人也會開始出現各種相關的衝突，讓關係產生壓力。

■無盡的等待與配合

大部分的婚外情都不能像一般情侶正常聯絡，最常見的聯絡方式是由外遇者主動聯絡第三者，而第三者則處於被動等待的狀況，為了避免情人邀約自己的時候已經安排行程，不少第三者都會減少其他朋友的社交聚會，漸漸的，第三者與情人什麼時候能夠見面、相處時間多久，都是由情人決定後再通知自己，也就是說，**第三者失去對自己時間的掌控權**，長久下來，不只會感覺生活受到限制，更危險的是，會產生強大的無力感，甚至失去自我價值感。

也因此，第三者會慢慢開始厭倦這樣的生活：「我需要他的時候，他都不在我身邊，而他過來的時候，我就要放下自己手邊的事情，配合他的行程」，長期處於「不確定感」的生活中，除了焦慮感會變高以外，更會進一步導致心理失衡，沒有辦法確定行程，不知道下一步要做什麼，不能掌控自己的生活，會逐漸激發失望、憤怒、憂鬱的情緒，啃食第三者的心理健康。

■遠離原本的社交圈

除了行程不確定的因素會遠離原本的交友圈外，害怕自己跟朋友喝茶聊天的過程中，**不小心說溜嘴，暴露外遇關係，也會讓第三者減少社交互動**，還有聊天的內容也會受到很多限制，擔心親朋好友會詢問自己近況跟生活細節，乾脆就先不跟朋友互動，這樣一來，第三者會不知不覺陷入「社交隔離」的狀況，失去原本的支持系統。

有些第三者面對親朋好友的關心詢問，還會開始編生活故事，假想自己怎麼過週末，放假時做些什麼，才不會生活一片空白。

■冒著可能被發現的風險約會

為了避免外遇事件被發現，在關係剛開始時，情人多半會選擇到沒有人認識的地方旅行約會。這時，雙方終於可以自由自在，像一對戀人般，在陌生人面前互動。隨著交往時間的增長，情人可能會冒被伴侶發現的風險，帶第三者出入哥兒們的聚會或有熟人的場合。這樣的轉變往往會讓第三者感覺「關係似乎有了不同的進展」。

從心理角度看，外遇者的「冒險行為」可能有不同的解釋。**對外遇者而言，冒險氛**

圍會增強愛情的刺激感，轉化為浪漫的感受。然而，許多第三者會誤以為「情人的冒險行為代表他不顧一切，為了自己可以失去家庭也在所不惜」，進而產生「我們的愛情堅不可摧」的錯覺。

當第三者對愛情越來越投入、越專一時，跟親友坦承的衝動也會增強，痛苦情緒逐漸積累。外遇關係曝光雖有風險，但痛苦和孤單更難以忍受。這時，很多第三者會選擇向自己信任的、不會批判自己的親友坦露這段祕密戀情。

■認為外遇是太太默許的

有些第三者會認為外遇是太太默許的，認為是太太管不住先生，或是太太縱容先生所致。當第三者用這些理由來**自我安慰**時，不僅道德上的罪惡感會降低，甚至連忌妒的威脅感也會減少。這正是為何越來越多的第三者，會反過來教訓太太，其實是為了讓自己好過一點。

■擔心情人又被別人搶走

從別人手中搶來的對象，內心總會有莫名的不安。擔心情人又被別人搶走，害怕自己**被取代、被背叛、被拋棄……**這正是當第三者得知情人除了自己之外，還有其他人時，為何情緒會如此激動，無法接受的原因。

■開始想要結束關係

當心靈脆弱時，如家人過世、重要親友結婚，或自己懷孕後情人的態度變化，都可能引發第三者「想要離開關係」的念頭。但分離過程的快慢會與第三者的個性和類型相關，有的人選擇快刀斬亂痲，突然消失；有的則是反覆地分分合合，難以斷絕；還有的則是等待感情逐漸降溫，自然而然地疏遠分開。

不少第三者無法切斷關係，我在諮商多年後發現，原因有幾個：當孤單感大於痛苦感時，她們可能會選擇躲回關係中；或是因為不甘心，已經投入許多時間、精力、感情，期待狀況可能會有轉變；還有就是仍然相信情人會離婚。外遇關係的持續與否，通常由外遇者主導，若外遇者不願切斷關係，便可能藕斷絲連很長一段時間。

要離開一段破壞心靈的關係，第三者需要感受到自己是有力量的，不是被動的，而是要拿回人生的主動權：**「自己不是被選擇的」，重要的是「自己選擇」自己想要的人生**。十五年諮商經驗告訴我，很少有第三者最終與外遇者共組家庭、開啟新生活。我希望能將這些心得分享給正在經歷「第三者」心理歷程的你，以供參考，重新思考：什麼樣的選擇對自己最有幫助。

第二篇

療癒創傷

15 外遇後湧現大量的情緒，要如何安撫情緒

伴侶外遇後，在不同的階段都會產生大量的情緒，心靈就像佈滿傷口的手放進鹽水中般，任何一點刺激都會痛苦難耐。

當湧現大量且複雜的情緒時，如果硬要強迫自己「不能有情緒」，或是認為「生氣就是不對的」，這個時候就會產生「複情緒」，簡單的說，就是生氣自己為什麼要有情緒？為什麼不能放過自己？不但對外遇伴侶有情緒，對自己也有情緒。

渴望立刻消除痛苦情緒

伴侶外遇後，由於會湧現大量憤怒、痛苦、挫折、難過的情緒，如果不是親身經歷，很難想像究竟有多麼煎熬，為了能夠快速讓情緒平緩下來，很多受傷者都會試圖尋找讓自己立刻恢復平靜的方法，最常見的是下面幾個：

＊提出各種補償條件：如果對方把房子過戶到自己名下，會不會因為得到補償，心理就不會那麼難受？

＊立刻切斷關係：如果現在馬上跟對方離婚，自己是否就不會那麼在乎，痛苦的情緒也會立刻下降？

＊提告讓對方付出代價：如果提告第三者「侵害配偶權」，讓第三者知道他犯的錯、並且付出代價，自己不平衡的情緒是否就能夠過去？

上面這些做法，我有很多當事人在來諮商前都曾經做過，可能剛做完時會暫時好過一點，但後來發現自己的情緒依然沒有平復，仍陷在痛苦的深淵裡不可自拔。

瞭解情緒的特性才有可能逐漸遞減

何以不能控制情緒，想要不生氣就立刻氣消；想要快樂就可以馬上開心？這是因為「情緒」有下面這三個特性：

■第一個特性是情緒有「自律性」

我們很難強迫自己或說服自己，要不要擁有某個情緒，而且往往越強迫就越適得其反，情緒若是可以控制自如，大家也不會為情緒所苦。

■第二個特性是情緒有「相對性」

譬如當受傷者提出質問時，原本是滿懷怨氣，但若外遇者瞭解自己生氣的原因，適時安撫自己的情緒：「我知道你很難受，我會接納你的情緒，好好補償你，希望你讓我知道怎麼做，才能讓你好過一點？」相信受傷者的情緒會有很大的轉變，從「滿懷怨氣」變得「好過一點」。

■第三個特性是情緒有「遞減性」

一般狀況下，情緒都不太會維持在剛爆發時的強度，多半會隨著時間的流失而慢慢消退，除非是「人為因素」，不斷強化某個情緒，例如一再訴說讓自己生氣的事情，就會使情緒停留在高點；或是有人持續挑動某個情緒，才會讓情緒處於爆發的狀態下。

根據我的觀察，大多數人都非常恐懼情緒，不管是自己的或別人的，以致不知如何處理情緒問題，只能無助地任由情緒氾濫成災，或辛苦地壓抑自己和別人的情緒。

很多外遇者看到伴侶情緒起伏不定時，為了避免自己產生「罪惡感」，內心會擔心對方提起外遇：「是不是又要責備我了？」；或是急著想要降低「自責感」，既然自己知道錯了：「為什麼對方就不肯一筆勾消原諒我？」所以很多外遇者會壓抑或阻止受傷伴侶發洩情緒。

特別是碰到受傷者情緒強度很高，又哭又鬧又發飆失控，不少外遇者都希望對方能在最短的時間內安靜下來，不然連自己的情緒都被攪拌得混亂不堪。也因此，外遇者會壓抑受傷者：「不要再有情緒了，我也快承受不住了。」或是半安撫半命令對方：「不要生氣了，不然我也要生氣了。」

有些時候受傷者會因擔心「情緒會壞事」，而想盡辦法壓抑情緒，此外，很多受傷者家人也會擔心「女兒的情緒會影響婚姻幸福」，所以在女兒最需要家人安慰疼惜的時候，非但沒有伸出溫暖的雙手接納女兒的情緒，反倒無情地壓抑女兒的情緒，結果造成受傷者的情緒得不到安慰，更找不到有效的紓解管道，**導致許多受傷者的身上都佈滿情緒地雷**，隨便一件瑣碎小事，或是一句無心的言語，便足以挑起情緒怒火，覺得外遇者沒有好好對待自己，甚至感到憤怒：「你把我推入痛苦的深淵後，現在又遺棄我，讓我一個人孤單地獨吞所有的苦果。」

決定繼續關係？還是走出婚姻關係？

情緒還沒有平復前，很多受傷者內心會面對兩難的抉擇：是決定繼續關係？還是離開婚姻關係？

這個時候，我通常會為當事人畫兩條「心理的路線圖」，如果要繼續關係，可能會經歷那些情緒與心理狀態，倘若要走出婚姻關係，可能需要面對那些階段，但無論最後做出的選擇是什麼，還是要從**「紓解情緒，療癒心理」**開始進行，因為若是沒有紓解情緒，這些情緒也不會消失，而會轉換成各種不同的形式侵蝕身心健康。

外遇者要當受傷者的「情緒容器」

當發現另一半外遇出軌，經歷被背叛的痛苦，身心飽受煎熬時，多半會湧現大量複雜的情緒，容易因為強迫性思考而變得暴躁易怒。這個時候外遇者往往會暗示受傷者：「別人都不會像你一樣歇斯底里」，或是認為：「你的情緒太多，我沒有辦法跟你對話。」

諮商的過程中，常常會碰到觀念上認為：「有大量情緒就代表心理有問題」的狀況，外遇事件發生過後，很多外遇者都會跟受傷者說：「事情都過了這麼久，為什麼你還有情緒？為什麼你就不能夠放下往前走？」

不少當事人都會困惑的問我：「只有我有這麼多情緒、只有我是不理性的嗎？」我都會告知受傷者：心靈受到這麼大的衝擊，會產生大量的情緒是很正常的，而且外表看似理性的人也不代表內心不會痛苦難熬。不只讓受傷者接納自己的情緒，同時也讓外遇者瞭解：**被背叛後會長期產生大量的情緒是很正常的，外遇者需要當對方的情緒容器，而不是「暗示對方不該有這麼多情緒。」**

被伴侶欺騙，遭受委屈或被別人誤解，或碰到不公平待遇，會生氣會發怒，是很正常的。事實上，生氣不僅是健康的情緒反應，同時也是瞭解自己和伴侶最好的線索。

＊從憤怒反映出的背景：從對方為了什麼事情生氣，可以看出對方受到原生家庭哪些影響？譬如在原生家庭被父母忽略的人，如果伴侶不在乎自己的需要和感受，就會很生氣。

＊情感投入：憤怒強度顯示在乎的程度，從對方生氣的強度，能夠知道他最在乎、最堅持的事情是什麼？通常越在乎的事情就會越生氣。

*內心深處：從外顯反應揭示內隱的恐懼與需求，從對方生氣的反應：說什麼話、做什麼動作，可以瞭解他內心深處的擔心、恐懼，還有需要是什麼？

*容忍閾值：生氣狀態反映心理界限，從對方生氣的狀態，也可以得知他的容忍底限在哪裡？

故意忽略自己生氣的感覺，或一味壓抑生氣的情緒，不只有害身心健康，更會侵蝕感覺系統，陷入無望的空洞中，嚴重時還會以極端的方式表達怒氣。下面提供消氣的步驟，可以試著引導自己：

■消氣第一步：承認並接受自己生氣的事實

每當覺得有氣憋在心裡時，就問問自己：「我真正的感覺是什麼？」

先把「關心的焦點」放在自己身上，這樣比較不會受到外在環境的干擾，搞不清楚自己的情緒究竟是生氣，沮喪、亦是傷心？

■消氣第二步：找出生氣的原因

找到原因之後，不妨記錄下來，可以幫助自己覺察情緒的狀態。

＊時間：
＊事件：
＊對象：
＊情緒：
＊想法：
＊身體的感覺：
＊採取的行為：
＊最後的結果：

再從這些訊息中，覺察自己生氣的線索，有沒有共同性？情緒要告訴自己什麼啟示？做些什麼可以照顧生氣的情緒？

■消氣第三步：做哪些改變可以消除怒氣？

假如希望對方知道你在生氣，最有效的方法是，直接跟對方表達自己的感受，讓對方更瞭解你的想法，這樣雙方的關係才會因瞭解而更加親密，同時也要學習分辨哪些事情屬於「可以改變的」？哪些屬於「無法改變的」？**分清哪些可以改變，哪些不能改變，才不會為了無法改變的事情生氣。**

舉例來說，外遇事件無法改變，但是應對態度可以改變，不少外遇者會無奈地表示：「事情已經發生了，做什麼都沒有用。」其實不然，外遇事件雖然是負向的經驗，可是，也因為衝擊很大，會促使雙方重新認識彼此，建立不同的親密互動方式，找到正向的力量。

16 療癒被背叛的身心及情感創傷

外遇事件中，受傷最深的，往往是感情融洽的伴侶，原本以為自己很幸福，原本以為自己遇到最好的對象，在得知伴侶外遇的瞬間，過往的美好生活、幸福感覺全都崩解，從交往以來，一直深信伴侶很愛自己，他也口口聲聲說：「很愛你」，但是，一個愛你的人卻會做出如此傷害自己的事情，要如何再相信他的愛是真實的。

美好婚姻憧憬幻滅，伴侶完美形象破壞

還有過往外遇伴侶在自己心目中的美好形象也破滅了，那個曾經是一百分的丈夫、一百分的爸爸，現在都跌入谷底，要怎麼統整自己的「過去」與「現在」感受，錯亂的

身心靈要如何歸位？都不是件簡單的身心工程。

身體與心理經過強大的衝擊後，瓦解的不只是對美好婚姻的憧憬，連自信心、安全感、掌控感，都會跟著消失不見，會開始自我懷疑，不相信自己的判斷；感覺自己失控了，會不斷想找人哭訴，會一直找伴侶質問：「為什麼要這樣對我、為什麼明知我會痛不欲生還要傷害我。」

很多當事人都會跟我說：「心理師我以前不是這樣的，我很獨立，我很愛笑，我對什麼事情都充滿希望，但現在對什麼事情都提不起勁來。」也因此，**療癒外遇的創傷，首先要燃起「希望感」**，相信現在各種痛苦的狀況都有調整的可能。

很多當事人會問我：「在你諮商的案例中，真的有人可以修復關係，回到良好的相處狀態嗎？」我的答案是肯定的，當然這需要雙方共同努力，互相幫助克服各種心理難關，才能逐步修復親密關係，有些當事人還能重新建立比以往更平等尊重的關係。

避免為了挽回感情而背叛自己

很多人在外遇初期，因為太害怕失去對方，受傷者會苦苦哀求對方留下來，或是壓抑憤怒不平的情緒討好對方，或是扭曲自己做不想做的事情，或是犧牲自己的尊嚴以挽回關係。**如果連自己都背叛自己的心意，未來的情緒反彈可能會很大**，生氣自己何以無法一走了之，何以還要維持殘破的婚姻，何以要把尊嚴任對方踐踏。

外遇風暴剛發生的時候，受傷者雖然很需要親朋好友的支持陪伴，但內心卻會陷入徬徨猶豫中，擔心說出來後，別人會用什麼眼光看自己？親朋好友會傳出去嗎？自己的遭遇會不會變成別人茶餘飯後的話題呢？

即使外遇者傷害自己如此之深，自己仍想要保護他的名譽，幾番掙扎之後，還是選擇先不告知雙方的父母及孩子；然而，內心又有另一個聲音響起：想讓大家知道他背叛親人、不斷說謊的真面目。長期處於兩邊拉扯的狀況下，真的會耗損非常多的心理能量。

很多受傷者獨自承受背叛的痛苦，想靠自己的力量走過，但最後還是選擇來諮商的原因就是，自己需要大聲說出來，需要有人陪伴自己一起商量討論，未來該怎麼走是自己想要的方向？為家人盡心盡力太久，忽略自己的需求太久，當生活的重心要回到自己身上，很多當事人都會跟我反應：「我不知道要怎麼愛自己？」

也因此，受傷者重新認識自己、關愛自己，是療癒感情背叛創傷重要的關鍵點。

多重創傷的集合

伴侶外遇後，大部分的受傷者都會對照那段時間的自己在做什麼：

* **對伴侶不忠的發現**：自己一個人辛苦的照顧生病的小孩，帶孩子去醫院看診，原以為他在勤奮的工作，哪裡知道他跑去跟外遇對象溫存。
* **在傷痛中遭遇背叛**：自己正在經歷保不住孩子的傷痛，他居然還有心情跟別人約會，光想到這點，就沒有辦法原諒他的無情。
* **喪失家人時的雙重打擊**：自己身陷失去家人的哀傷中，他卻可以邊辦喪事邊外遇，無法想像他是用什麼樣的心情來面對自己與家人。

諮商的過程中發現，外遇的創傷往往不是單一的，而是多重創傷的集合，所以，外遇者要體會、瞭解、看見受傷者的痛苦。如果這個時候外遇者跟受傷者說：「事情已經發生了，我也沒有辦法改變，你就放下往前走。」這些話非但無法安慰受傷者，反而會讓受傷者跌入更痛苦的深淵中，**外遇後最痛苦的是，沒有人可以理解自己的痛苦，只是一味勸自己「往前走」**、**「往前看」**，若是做得到，又有誰會願意困在痛苦裡動彈不得。

遭受背叛後，最常出現的身心狀況就是失眠，無法入睡，一閉上眼睛所有伴侶跟第三者互動的影像、傳遞的情話不停冒出來，完全無法停止。身體會出現發抖、心悸、胸悶、頭暈、呼吸不過來、快昏倒的狀況。

受傷者的「痛苦」需要有出口，出口包括：可以傾訴宣洩，可以被理解接納、可以被關懷撫慰，痛苦自然會慢慢遞減。

反覆做伴侶外遇的惡夢

很多人經歷外遇衝擊後，都會做反覆的噩夢，當心靈負荷過重，在意識上不知道要如何釋放創傷的痛苦時，就會透過夢境呈現出來。

像有些人會在夢中跟外遇伴侶和第三者對話，這些對話的內容往往會反映出自己最在意的地方；或是在夢中真實看到整個外遇的過程；甚至於有人會做「預知夢」，在夢中看到第三者跟伴侶互動的狀況，事後印證夢境跟真實情境幾乎吻合。

也有不少受傷者會做「找不到乾淨廁所」的噩夢，有些人是夢到廁所長年失修，到處佈滿蜘蛛絲；也有人夢到廁所缺門、缺水，無法使用，這些夢境除了反映出生理的需求得不滿足，更投射出心理上的不潔感受。

如果有做夢，不妨探索一下，夢中的情緒，夢醒的感受，夢境給自己的啟示是什麼，有助於找到更多的心理資源，幫助自己療癒被背叛的創傷。

17 外遇生子對受傷者的心理影響

在網路社群中看到自己的伴侶與別人「曬恩愛」時，不僅毫不避諱地放上雙方親密的出遊合照，還高調展現彼此的愛意，並標註「穩定交往中」。這些畫面本身就足以讓受傷者感到極度的痛苦和折磨。若進一步發現伴侶與第三者已有外遇生子，這對受傷者的心理衝擊無疑是如同強烈地震，能讓人的身心瞬間崩潰。

■ 諮商過程中觀察到的行為模式

在諮商過程中，一個較為常見的情況是，第三者會透過懷孕來測試外遇者對自己的感情有多深厚，或者用此逼迫外遇者與伴侶離婚，進而與自己共組家庭。有些受傷者會發現第三者懷孕，可能是由於外遇者出現了極端異常的行為，例如陷入深沉的沉思，即使大聲呼喚也無法得到回應；或者像失魂落魄一般將餐桌上的裝飾品當作食物吃下；又或者突然過分關注孩子的心理狀況，想要用物質來補償。

■外遇者對懷孕的反應

經過深思熟慮後，有些外遇者會設法讓第三者終止懷孕，但這樣的舉動往往會讓他們對第三者產生強烈的愧疚感，並因此在其他方面更加滿足第三者的要求。通常情況下，如果第三者終止懷孕，她可能會經歷一系列複雜的情緒反應。面對失去孩子的打擊，**第三者可能會將怒氣轉嫁到受傷伴侶身上，認為是因為對方不願離婚，自己才會經歷這樣巨大的痛苦**。在這種情況下，第三者可能會採取一些不理性的行為來宣洩心中的痛苦，這種行為需要特別關注，以防危及生命安全。也有一些外遇者會採取「既然懷孕就生下來」的態度，打算隨遇而安。

■遠距離關係中的外遇生子

有些遠距離的夫妻，因為要顧及孩子的教育和父母的照顧，而選擇分居兩地。他們原本約定共同維繫家庭，其中一方照顧家庭、孩子和長輩，而另一方則在外工作打拚。他們透過視訊聯繫和定期回家來維持情感的連結。然而，隨著時間的流失，有些伴侶無法抵抗孤獨和寂寞的侵襲，逐漸情感出軌，甚至另組家庭，並最終生育孩子。由於彼此相隔遙遠，這種情況無形中為外遇關係提供了理想的發展空間。當原配偶發現時，情況往往已經難以挽回，只能面對殘酷的現實。

■外遇生子對家庭的綜合影響

「外遇生子」對家庭造成的衝擊是巨大的，不僅包括情感上的背叛，也是經濟上的掠奪。在經歷這種雙重打擊之後，重建信任和修復關係變得尤其困難。我曾經看過一個案例，受傷的伴侶對第三者提起「侵害配偶權」的訴訟。在不離婚的狀況下，法官判決第三者需賠償受傷伴侶二十五萬元；但同一個案例，若第三者在婚內懷孕並生子，法官最終判決賠償金額增至七十五萬元。

■應對外遇生子的策略

因此，萬一遇到「外遇生子」的難題時，第一步最好是尋找律師商量對策，以保障家庭的經濟不受影響；接著，還需要與心理師討論自己及孩子的身心狀況，觀察是否有任何異常行為或舉止。這一方面有助於防止心理創傷進一步加劇，演變成憂鬱或恐慌的身心症狀；另方面也可以及時觀察自己跟孩子「創傷有沒有侵蝕心理健康、扭曲人格發展」，越早發現越能預防「外遇生子」造成的負向影響。

18 腦中不斷浮現「強迫性畫面」

不少外遇者會把跟第三者進行性愛的過程錄影下來，如果伴侶在不知情或沒有做好心理準備的狀況下，親眼目睹這些影片，很容易轉成「強迫性畫面」，自動在腦中不斷播放，會對心理造成揮之不去的陰影。

此外，受傷者多半也會一直詢問：外遇伴侶跟第三者親密互動的過程，像是：「去旅館都做些什麼」，「他有沒有幫你按摩」，外遇者描述的性愛畫面很容易形成「強迫性影像」，讓受傷者陷入痛苦中，難以自拔。

為了避免將來這些影像侵蝕心理健康，諮商時我常會提醒當事人，**把討論的重心從「細節」移動到「關係」上，可以瞭解外遇的原因，但不需要知道太多外遇的細節，**反而有助於避免伴侶感情再度出軌。

■強迫行為：偵測、查看、追蹤

在得知伴侶外遇之後，很多受傷者都會出現強迫行為，像是偷偷查看對方的手機，看對方的 LINE 訊息，社群互動狀況，每天查看對方的行車紀錄器、檢查發票、信用卡的帳單，追蹤定位對方的所在位子，找徵信社拍照，看對方交代的行蹤與事實是否符合，有沒有欺騙自己。

持續每天的偵測、查看、追蹤，不只會讓生活變得緊繃焦慮，深怕自己錯過任何線索，也會讓身心疲累不堪，更重要的是，這些強迫行為，對重建親密感與信任感是沒有幫助的。

因此，**受傷者需要瞭解自己想要知道的細節，對自己的幫助是什麼；而外遇者也要明白，如何透露真實狀況，對建立信任關係是有助益的**，要怎麼拿捏、說明外遇的內容是很重要的，有些外遇者拒絕說明任何過程，這樣「不確定感」會導致受傷者過度焦慮；有些外遇者又描述得太過詳實，形成二度的創傷。

■ **強迫行為：購物、整形、運動瘦身**

看過很多受傷者為了在短時間內建立自信心，在外遇伴侶面前展現魅力，會透過購買性感美麗的衣服，會試圖透過微整形恢復自己過往的容貌，會過度運動雕塑身材，會嘗試各種瘦身方法，雖然讓自己變美麗很好，但若轉成「強迫行為」就要注意了，不妨回到自己的內心世界，**覺察這些「強迫行為」背後的驅動力是什麼？**是渴望被愛？還是害怕被伴侶遺棄？

瞭解自己內在的「恐懼」和「渴望」很重要，可以協助自己找到「療癒創傷的配方」，滿足內心的需求。

■ **強迫行為：不斷找人勸說伴侶回到家庭**

被發現情感出軌之後，並不是每個外遇者都會選擇回到受傷者的身邊，也有的外遇者會選擇第三者，這個時候，為了挽回外遇者的心，受傷者會想盡辦法，找親人、找朋友、找老闆，甚至找孩子協助，看可不可以留住外遇者。然而，這樣的強迫行為往往會引發對方的情緒，有時候會產生反作用。

而之所以會出現「強迫行為」，往往是為了降低痛苦，減少焦慮，排除空虛，避免寂寞。但我多年的陪伴經驗是，**有時越想快點排除痛苦的情緒，反而會忽略情緒要告訴自己什麼訊息**，這個時候，我會引導當事人，勇敢地停留在痛苦中一下，感受情緒的訊息，從痛苦中提煉出「自己想要的是什麼」，這樣痛苦就沒有白受，可以幫助親密關係朝著自己想要的方向調整。

19 連結作用：第三者不斷亂入在生活中的各種狀況

伴侶外遇後，即使伴侶已經回來，但第三者依然會不斷亂入在生活中的各種狀況，受傷者會忍不住開始比較，想要知道外遇者與第三者以前曾經發生過的事情。

兩個人好不容易出國旅遊渡假，歡樂時光中，突然「連結」到第三者：你以前跟她出國，當時你們也像現在這樣嗎？你為了跟她出國，不惜跟公司請假，她對你那麼重要，你愛她可以愛到連工作也不顧。

雙方原本想要製造放鬆的氣氛，一起去飯店享受親密的浪漫時光，偏偏一到飯店就「連結」到第三者：你們以前上旅館都做些什麼？結果精心安排的飯店浪漫之旅，就在質問的衝突聲中度過。

任何跟外遇有關的訊息，都可能「連結」到第三者：新聞事件、曾經跟第三者去看過的電影，過去伴侶跟第三者約會的場景。有的受傷者會選擇避開，但也有的受傷者會想要親身走一遍「外遇路線」，實際體會伴侶外遇時候的感受。

很多受傷者也會忍不住跟第三者比較：你比較愛她？還是比較愛我？你從來沒有花心思在我身上，卻為她做那麼事情；你對我講話不耐煩，卻能夠用心為她寫那麼多情話；她哪裡比我好，值得你這樣深情對她？我哪裡不如她，你這麼忽略我的重要？

諮商的過程中發現，很多受傷者會假設「伴侶跟第三者過著幸福美滿的生活」：「你跟她在一起應該很快樂」，「你對她一定很好」，「你願意為她做所有的事情」。受傷者會不自覺貶低自己，開始嫌棄自己的身體，覺得自己身材不好；或是對過去的性愛生活感到不滿意，覺得自己不會取悅伴侶，甚至羨慕第三者樣樣都比自己好，覺得自己不夠好、不被喜歡，比不上第三者，伴侶才會被搶走，湧現強烈的「被剝奪感」。

一有空檔就會浮現：你還會想她嗎？你跟我親密時，會想到她嗎？這些問句不停在腦中環繞，當自己承受不了時，又會忍不住提出來質問伴侶。要如何不讓第三者隨時強行進入你們的生活中？可說是療癒感情創傷很重要的一步。

■如何把第三者趕出關係

要如何把第三者趕出關係，不再受到干擾，第一步，要提醒自己，**避免跟第三者進入「沒有意義」的競爭與比較中**，把重心拉回自己跟伴侶的關係上面。

事實上，療癒外遇創傷最困難的是，當事人看不到自己的好，感受不到自己的魅力與優點，以至於常常會把「對自己的負向感覺」投射到伴侶身上，認為伴侶不喜歡自己，連帶的也看不到伴侶對自己的好。

所謂「好」的意思，是指認同自己的價值，欣賞自己的獨特性，從心理健康的角度來看，認不認同自己是很重要的，不認同自己就會常常覺得心虛、不安、懷疑，認同自己才能自我肯定，逐步恢復對自己的信心。

■有效停止「連結第三者」的方法

這裡提供一個有效停止「強迫連結第三者」的方法是，先暫停「自動連結到第三者的各種想法與疑問」，就像讓電腦關機一樣，試著讓這些想法暫停，也可以讓情緒漸漸平緩下來。

所以，如果當事人來做心理諮商，**我會帶領他做心律呼吸法**，協助他停止混亂的思緒，減少無形的恐懼與焦慮，進而降低外遇事件引發的身心壓力；同時討論碰到什麼狀況可以採取什麼行動，把注意力放在「可以做些什麼」，既有助於解決問題，也有助於降低痛苦。

■請第三者離開親密關係

當受傷者又開始想像伴侶跟第三者在一起的畫面時，可以告訴自己：**「我那麼努力請第三者離開伴侶，現在我要請對方離開，不要再將對方拉進我們的親密關係，干擾我跟伴侶的生活與互動」**。然後轉移注意力做自己喜歡的事情，也可以回憶跟伴侶愉悅溫馨的相處過程，讓第三者真正離開。

20 療癒從小到大的情感創傷

諮商的過程中發現，很多人的「外遇創傷」，會喚醒過去深層的「童年創傷」，最常見的是：

■父親的背叛種下了對愛情的不信任

爸爸在自己小時候外遇，成長的過程中經常被焦慮包圍，隨時擔心伴侶會移情別戀，原本就對於愛情沒有信任感，總是認為：「沒有人會愛自己一輩子，連爸爸都會離開自己。」現在更印證「自己的擔心害怕是真實的」。

■逃避家庭背叛，卻不幸遭遇相同的命運

以前經歷家人外遇，現在伴侶外遇，讓自己再次經歷被背叛的痛苦，懊惱自己選錯人了，當時有條件更好的追求者，之所以會選擇伴侶，就是因為認為他不會外遇，可以讓自己免於被背叛的痛苦，誰知道還是發生了。

■從厭惡母親到重演母親的行為

成長過程中，不斷目睹媽媽因為爸爸外遇而痛苦哭泣的畫面，現在換成自己痛苦哭泣、歇斯底里，過去討厭媽媽追蹤爸爸、悲情哀求爸爸回來的行為，現在居然自己全部複製媽媽的行為。

■分離焦慮與恐懼的再次經歷

父母離婚後沒有歸屬感，感覺自己被爸媽遺棄，現在自己又要再次經歷被遺棄的過程，引發高度的「分離焦慮」，非常恐懼伴侶會丟下自己、不管自己死活。

■從小被「忽略」，導致對伴侶過度依賴

孩童時期，在情感或情緒上受到忽略，進入親密關係中，有可能過度矯正，不允許伴侶有一點忽略自己，「忽略」看似無害，既不是家暴，也不是虐待、欺凌，但很容易成為伴侶間難以解開的「心結」，如果感覺伴侶不關注自己的真實心聲，忽視自己的情緒感受，就會覺得自己不夠重要，也會產生「付出」與「回報」不對等、不平衡的心理，之後會不想再為這個家庭付出，而讓關係出現縫隙。

■獨自成長，難以與他人共享親密

從小成長於缺乏關愛的環境裡，常常一個人孤單獨處，由於習慣沒有人陪伴的生活，長大後也習慣跟別人保持距離，不知道如何跟伴侶建立親密的感情，也不習慣跟伴侶傾訴心事。

■從兒時遭受虐待到對親密關係的恐懼

小時候曾經有過受虐、被肢體暴力對待的經驗，成長的過程中充滿了威脅、恐嚇、

屈辱、驚嚇的回憶，在親密關係中常常會害怕被傷害，總是擔心會發生不好的事情，需要處處保護自己避免受傷。

如果成長的過程中，有上面敘述的創傷經驗，不妨深入覺察一下：這些經驗與回憶會如何影響自己的親密關係？諮商的過程中往往會同時發現，這些過往創傷其實會無聲無息干擾親密關係的發展，這個時候，除了要療癒被背叛的創傷，也要一起修復童年的創傷。

除了受傷者會喚醒過去的創傷經驗外，諮商的過程中發現，很多外遇者成長過程也有創傷，特別是在童年、青春期有過受暴或受虐經驗的人，外遇有可能是創傷經驗的反應。

■逃避真愛，尋求外遇以求安慰

有些外遇者會透過感情出軌，來降低過度依附伴侶的恐懼，害怕伴侶離開自己時會承受不住，潛意識會自動疏遠伴侶，所以，每當自覺「離不開對方」、「需要對方」的時候，反而會在情感上外遇出軌。

■追求自由，不願被伴侶完全掌控

也有外遇者因為童年的受虐經驗，努力讓自己不被伴侶掌握，反映在行為上，有些人會習慣性隱藏祕密，不喜歡被伴侶摸清自己的行蹤與底細，喜歡享受自由不被人掌握的感覺。

■追求獨立，卻以欺瞞建立虛假的自由

對有些人來說，「外遇」其實是一種「叛逆行為」，目的是在親密關係中爭取「獨立」與「自主」，這種類型的外遇者，特別喜歡說謊、隱藏祕密，常常會強調「我要做自己」、「你要尊重我的隱私」。

■在逃避母親的特質同時，在情人身上尋求平衡

有些外遇的議題，其實是母子關係的延續，舉例來說，有的外遇者不喜歡母親的某

些特質，像是懦弱膽小、沒有主見，偏偏他選擇的伴侶就擁有這些特質，相處的過程中，他一方面扮演堅強有主見的角色，但另方面又對伴侶懦弱沒有主見充滿負向情緒，這樣的矛盾情緒，也有可能促使他去找一個完全相反特質的情人，來獲得補償與平衡。

不少外遇者在家裡跟在外面是不一樣的行為模式，往往「家庭模式」跟「約會模式」是不同的，一但進入家庭，就會自動從「約會模式」轉變成「家庭模式」。每個人獨特的「親密互動模式」都是從原生家庭養成的，也因此，瞭解過往的成長歷程，才能真正改變「外遇模式」。

下面提供一些覺察「成長經驗」對「親密關係」影響的方向：

＊自我看法的影響：哪些成長經驗會影響對自己的看法？

＊伴侶互動的探究：喜歡伴侶對待自己的方式嗎？這種方式可能會跟誰有關？

＊不滿伴侶的行為背後原因：不喜歡伴侶對待自己的方式嗎？這種方式可能會跟誰有關？

* **家庭成員對感情觀念的影響：**生命中那些重要的家人會影響自己的感情觀念？
* **父母互動對自己的影響：**爸爸媽媽的互動方式，有影響自己嗎？如果有的話，是什麼影響？
* **指責伴侶的背後原因：**自己會責備伴侶的事情是什麼？跟過往經驗有關嗎？
* **被伴侶指責的深層原因：**伴侶會責備自己的事情是什麼？跟過往經驗有關嗎？

瞭解童年、過往創傷對親密關係的影響，是很重要的一步，因為很多受傷者會執著於「我沒有做錯任何事情，為什麼我需要改變」，這個時候身為心理師的我就需要深入說明，**改變的原由「不是因為自己做錯事情」**，而是瞭解雙方的成長經驗會如何交互作用，再重新調整出彼此都舒服自在的相處方式。

21 提告「侵害配偶權」背後的意義與心理

很多受傷者會認為「自己沒有做錯任何事情」，何以要承受這麼多的痛苦，反而做錯事情的人過得輕鬆舒暢，因此，堅持要提告第三者「侵害配偶權」。

提告背後的心理，是**尋求正義與心靈平衡**：一方面，讓第三者知道自己錯了，有個公開認錯、坦承自己的行為不恰當的管道，同時也讓第三者必須離開自己的伴侶；另方面，透過提告為自己討回公道，不僅撫平心靈創傷，也幫助自己走出痛苦的陰影。

雖然提告無法讓受傷者立刻消除情緒，但有助於慢慢釋懷，所以，這個時候如果外遇者支持自己的提告決定，或是協助自己讓官司獲勝，對修復關係是有幫助的。

反之，倘若外遇者一直勸說受傷者不要提告，不需要弄得這麼難看，或是強調沒有必要去刺激對方，甚至認為這樣會傷害第三者，對方是無辜的，還替第三者辯解：「她很善良沒有要破壞我們的家庭」，這些話會讓受傷者覺得伴侶在護衛第三者，無視自己的痛苦，多半會更加憤怒。

另一方面，受傷者在面對情感背叛的痛苦後，可能會出現不同的心理反應。

■想要報復外遇者

在情感背叛後，一些受傷者表面上似乎原諒了對方，恢復了以往的親密關係，但實際上，他們的行為是為了報復，讓對方也感受到被背叛的痛苦。因此，他們也開始建立新的交友關係，甚至有情感出軌的行為，並刻意讓對方發現。

■外遇引發的憤怒會轉為暴力行為

在諮商過程中，我們發現外遇引發的憤怒非常強烈，有時甚至會轉化為暴力行為。常見的情況是，受傷者在談話中越來越生氣，以至於無法控制情緒而對外遇者施暴，或是透過自虐自殘行為來發洩痛苦的情緒。

從心理學的角度來看，**當「憤怒」和「痛苦」這兩種情緒混合在一起時，受傷者的內心世界會變得非常複雜**。這種時候，他們可能會尋求透過飲酒來暫時逃避這些難以忍受的情緒。但實際上，酒精可能會降低他們的自我控制能力，使他們更容易情緒失控。這就像是在心理的火山上加油，可能會導致暴力行為的爆發。

當受傷者無法有效地處理這些矛盾和痛苦的情緒時，他們的行為可能變得不可預測，甚至可能對自己或其他人造成傷害。這時，他們其實是在尋求一種發洩的途徑，暴力行為或自虐自殘行為就成了一種不幸的選擇。

因此，面對這樣的情況，找到一個安全和健康的方式來處理這些憤怒和痛苦至關重要。透過諮商和心理治療，受傷者可以學習如何更好地轉化自己的情緒，避免讓這些情緒失控，並學會如何在不傷害自己或他人的情況下，健康地處理和表達這些情緒和情感。

22 外遇者要如何跟第三者斷乾淨

外遇者跟第三者斷乾淨，對受傷者而言是「修復關係的起點」，對外遇者來說卻是「失戀痛苦的過程」，我看過不少外遇者在決定跟第三者分手的時候，才驚覺原來自己對第三者投入的情感已經這麼深，原來分手的過程是這麼痛苦，沒有想像中容易，原本已經答應受傷者要分手，之後又偷偷恢復跟第三者的關係。

容易引發外遇的感情模式

■ 慾望之戀

伴侶與第三者只有性慾望的吸引，雙方都沒有投入情感成分，像是找性工作者、交友軟體約砲、一夜情，就屬於此種類型。因此，很多外遇者不認為自己感情出軌，只承認自己花錢發洩慾望。

■ **空虛之愛**

已婚伴侶互相許下承諾，卻沒有親密的感覺，性的吸引力也大幅降低，不少結婚多年的老夫老妻就可能進入這種情況，這個時候，如果期待外遇者與第三者斷乾淨，伴侶雙方就需要同時修復身體與心理的親密感。

■ **浪漫之愛**

外遇伴侶與第三者彼此相知相惜，也有性的吸引力，雙方只是無法有婚約承諾，倘若外遇者與第三者談的是浪漫之愛，在感情正濃烈時，真的較難回到現實，外遇者會覺得自己談戀愛沒有妨礙到任何人，也不願意去思考外遇會帶來什麼不良的後果，更會合理化自己的外遇行為：「我試過了，我跟伴侶真的無法相處。」一面對這種類型的感情，外遇者要跟第三者斷乾淨就比較不容易。

改變婚姻中的自我觀感

還有的外遇者原本對自己很沒有信心，透過第三者改變在婚姻中的自我觀感：**「原來我還有魅力的」**，世界上還有人欣賞「我的智慧、我的能力」，自己不是伴侶眼中那個「做什麼事情都做不好的人」。

這種類型的外遇，一但面臨分手的情境，外遇者會覺得自己虧欠第三者很多，一方面會懷念對方給自己的力量與信心，另方面也會忍不住想要聯絡對方，想跟對方在路上不期而遇，渴望看到第三者跟對方說話。

外遇者常見的心理壓力與情緒

在處理「外遇或背叛」事件的時候，大多數人皆傾向站在「受傷者」的一方，比較少人會同理「外遇者」。事實上，外遇者在面對背叛的情況時，一樣會產生許多的心理壓力與複雜情緒。

■衝突感

東窗事發之後，外遇者多半會被迫「做個了斷」或「做個選擇」。這個時候，他們的內心往往會處於**「天人交戰」的抉擇中**，不知道該選哪一方才對，兩方若各有優缺點，那更是捨不得，放不下。

■混亂感

原本平靜規律的生活，很可能在一夕之間變得混亂不堪，外遇者一方面必須安撫受傷伴侶的情緒，另方面要在混亂中**找回生活秩序**，雙重壓力常會逼得外遇者心力交瘁。

■解脫感

長期為了出去約會而說謊、圓謊，也有些外遇者會在真相大白時，有種解脫感，不必再過著隱藏掩蓋的暗黑生活，**這個時候，通常是外遇者最誠實的時候**，無論受傷者問什麼都據實以告，但很快會發現坦承事實後，生活變得更加複雜與混亂，又開始懊惱自責：自己不應該什麼細節都說出來。

■罪惡感

很多外遇者會覺得**自己像個犯人**，走到哪都要接受審判，從伴侶、家人到朋友，幾乎周遭每個人都會對他們進行「道德勸說」，彷彿自己是個罪大惡極的人。

此外，每天面對受傷者的身心失衡，也會讓外遇者自責，是自己害對方受苦、失眠的，但事情已經發生了，也只能硬著頭皮面對，再懊惱後悔都來不及。

■憤怒感

最讓外遇者感到不舒服的是，**不論自己做了多少「彌補措施」，受傷伴侶皆不領情**，既然做什麼都沒有用，那乾脆不要做了。

「我已經切斷關係，跟你坦承一切，你還要我怎麼做？」外遇者內心雖然滿懷歉意，但語氣態度卻越來越不耐煩，甚至會生氣咆哮：「我到底要忍耐到什麼時候？」或是直接攤牌：「我的忍耐也是有極限，如果你受不了，乾脆離婚好了。」每每說完這些話後，又要重新照顧受傷者的情緒，形成一個負向的循環。

■焦慮感

如果外遇者每天都要面對來自各方的指責，以及受傷伴侶起伏不定的情緒，難免會產生焦慮不安的感覺，心裡總是會擔心：「不曉得什麼時候對方又會情緒爆發？」隨時提心吊膽害怕伴侶生氣。

外遇者為了降低焦慮感與愧疚感，往往會試圖淡化伴侶的傷害與痛苦，一直要對方「往前走」，事實是，**外遇者越想快點翻頁，反而會讓受傷者製造更多的憤怒與痛苦，**不但增加自己的挫折感，也會讓受傷者的療癒之路走得更久、更辛苦。

■無助感

倘若身邊所有的人，包括：親人、朋友、同事、孩子，都站在受傷者那一邊，也有不少外遇者會失去孩子的敬愛與尊重，孩子不想跟背叛家庭的人說話，**在完全失去「支援系統」的情況下，外遇者也會感到無依無靠**。

是否跟第三者「正式分手」

不少外遇者在與第三者切斷關係時，並未正式分手。其中，有些人因對第三者的罪惡感而感到自責；有些則是因不敢明言而避免直接對話，還有的則是擔心自己無法抗拒誘惑，而無法與對方分離。

若想真正與第三者斷絕關係，必須明確告訴對方：「希望對方能尋找更好的歸宿，並且以後不再相互聯繫」。如果因害怕傷害第三者而措辭過於委婉，可能會造成藕斷絲連的局面，即使外遇者對受傷者聲稱已與第三者分手，但實際上卻難以真正分開。

根據過往的諮商經驗，促使外遇者決心結束這段關係的原因，通常是他們重新評估家庭、伴侶、孩子的重要性；另一方面是事業發展的考量，擔心婚外情會影響事業前景。此外，外遇者與第三者在親密關係上的期望落差，可能導致壓力加劇，最終導致關係破裂。

外遇者多半很容易產生罪惡感，降低罪惡感的心理技巧是，避免全面否定自己，而是**省思自己的情感需求以及人格特質，外遇者要跟第三者斷乾淨的關鍵點是，探索從小成長的歷程，找出形成外遇的真正原因**，才有可能終止感情出軌的循環。

23 「由愛生恨」的心理轉折

想知道自己的「親密關係」好不好？很簡單，只要誠實回答下面這個問題，就可以得到答案：「每次想到伴侶，第一個湧上心頭的感覺、畫面是什麼？」

＊「想到他就心煩。」

＊「想到他我就滿肚子氣。」

＊「想到他我就沒力氣。」

何以對伴侶滿腔的「愛意」會轉化為滿心的「恨意」呢？深入瞭解之後，我發現，很多人之所以會對伴侶產生反感，原因其實是對另一半感到失望，覺得自己的一生都毀在對方手裡；結果越想越氣，就把一肚子的怨氣與失望，化成一支一支的尖銳的箭，毫不留情地射向對方的心。

聽多了衝突不斷的愛情故事後，我找到一個導火線：**相愛雙方的個性越極端，就越容易引燃戰火**，讓關係充滿煙硝味。這些「極端」包括：

■價值觀極端不同

兩個價值觀不同的人湊在一起，自然會衝突不斷，戰火連天。

我認識一對夫妻檔的朋友，丈夫的人生觀是「工作最快樂，忙碌才幸福」；偏偏太太的人生哲學是「休閒至上，玩樂第一」。可想而知，做丈夫的總是埋怨太太「一天到晚只曉得玩」，而太太也痛恨先生是一個「沒有人性的賺錢機器」。兩個人難得的相處時間，幾乎都浪費在吵架，感覺當然不愉快。

■行為模式極端不同

通常兩個行為模式不同的人，很容易「互看對方不順眼」。

舉例來說，一個愛乾淨的潔癖，大都無法忍受隨手亂丟東西的邋遢鬼，此外，喜歡靜靜待在家裡的人，多半想不通怎麼有人可以成天在外面流連忘返；而熱愛戶外運動的人，亦不能體會何以有人寧願待在「無聊要死」的家裡，也不願到外面「呼吸新鮮空氣」。

■心理上極端不相容

相愛的雙方，如果心理相容互補，較易產生安頓的感覺。例如，容易緊張的人碰到從容不迫的人，多少能稍減內心不安的情緒。

相反的，一個情緒容易波動的人，倘若又遇到一個過度擔心的人，互相點燃不安的情緒，關係自然會充滿焦慮感。

■相互比較與競爭

親密關係中隱含著許多看不到的比較與競爭：比誰的成就高？誰的薪水多？誰的份量重？比誰的人緣好？比誰的家世好？比誰的智慧高？

無論任何關係，一但鳴槍競爭，就難免會產生衝突，造成壓力。

■雙方期待不同

碰到關係跟自己不親的人，我們大都會尊重對方是一個「獨立的個體」，不會強迫別人必須聽從自己的想法。可是，當雙方關係越來越親密之後，就會認為對方的感覺和想法「應該」跟自己一樣，如此才能產生共鳴。

假使對方提出反對的意見，或和自己採取不同的做法，就會強迫性地想要糾正對方、改造對方。

所以，化解衝突的第一步，即是學習在爭吵中，認識對方的極限在哪裡？同時瞭解自己的忍耐度有多高？再協調出一個雙方都能接受的平衡點。要擁有和諧的親密關係，先學著接納彼此的不同，進而欣賞對方的「與眾不同」。

在這些衝突與對立之中，「由愛生恨」的心理轉變並非無法逆轉。關鍵在於深刻理解並尊重彼此。成熟的親密關係並不是追求在一切事物上的完全一致，而是學會在差異中找到和諧。這包括學習傾聽對方的心聲，尊重對方的感受，以及在爭議中尋找共識。

真正的愛，不在於將對方塑造成理想中的樣子，而是在於接受對方的真實面貌。當我們學會從對方的視角來理解問題，並在衝突中保持冷靜與尊重，就能有效減少「由愛生恨」的情況。最終，透過彼此的共同努力與理解，即使在最極端的差異中，也能找到成長的契機，共同締造一段更加和諧、穩定的親密關係。

第三篇

重建信任

24 信任崩盤：我再也不相信你了

人與人之間的「信任關係」是最難建立，又最容易被破壞的，只消幾個誤會，就足以讓「互信基礎」產生無可彌補的裂痕，即使是最親密的伴侶，一但互不信任，那再多的海誓山盟，都阻擋不了「信任崩盤」。

信任崩盤：我再也不相信你了

從事業務的衛民，一年幾乎有一半的時間在國外東奔西跑。由於長時間不在家裡，衛民養成每到一個地方，就打電話跟家人和伴侶報平安的習慣。

靠著手機聯繫感情，衛民和君君談了六年的戀愛，為了慶祝相愛六週年，衛民決定送君君一個特別的禮物，一起到日本北海道泡溫泉看薰衣草。這是君君去年許的願望，現在實現應該別具意義。

北海道之旅，從札幌開始，君君就像第一次出門旅行的小女孩，每到一個地方都興奮地跑去當地車站蓋紀念戳章，到登別泡溫泉時，君君一連蓋了好幾個不同圖形的戳章，高興地想要拿給衛民欣賞。

「奇怪，衛民跑到哪裡去了？會不會去上廁所？」君君朝著洗手間的指示方向找人，才發現衛民正在講電話，看到君君，衛民隨即掛上手機。

「打電話回家報平安啊？」君君問得很自然，因為她知道衛民有每到一個地方就打電話回家報平安的習慣。

「是啊！」衛民也回答得理所當然。

「幹嘛掛那麼快？我也想跟你爸媽問個好。」君君邊說邊把剛才蓋的戳章拿給衛民看：「你看，好可愛的圖案。」

衛民順勢轉移話題：「妳手腳還真快，我才打一下電話，妳就蓋了這麼多章？」一路上，君君都快樂得像一隻小鳥，尤其是逛函館的「倉庫群」時，君君更是不停地發出讚嘆聲：「哇，小布熊實在太討人喜歡了啦！」或是邊摸邊說：「這個馬鈴薯造型的杯子，超可愛的。」

去餐廳吃飯，君君也是驚喜連連的說：「沒看過這麼漂亮的壽司，看起來好好吃。」吃完飯回到旅館，君君的情緒依然亢奮，衛民微笑著跟君君說：「妳先去洗澡，我出去買包菸。」

渡假期間，衛民每到一個旅館，都會出去買一包香菸，君君覺得有點奇怪：「也沒看到他在抽菸，為什麼要買那麼多香菸呢？」

正在胡思亂想之際，君君無意間撇見衛民的行李中有一本舊舊的記事本，君君自言自語：「偷看他的記事本，會不會有點不道德啊？」掙扎不到三十秒，「好奇心」就戰勝了「道德感」，君君立刻把記事本拿起來翻閱。

裡面都是一些生活記錄及心得感想，其中有一頁比較特別，寫了一排女生的名字，君君赫然發現，自己的名字也列在上面，君君心中一震：「難道這會是衛民的『芳名錄』？」君君的名字被排在倒數第二位，下面還有一個陌生女孩的名字，巧的是，自己上面那個女孩的名字，剛好是衛民前任女友的名字。

看到這本有點「年齡」的記事本，君君的心開始往下沉，「這些女生的名字不會是按照『交往順序』排列的吧?!」想到這裡，君君的腦袋像被人重重打了一拳：「難怪衛民每到一個地方都要出去買香菸，他該不會去打電話給那個女生報平安吧？」

君君無法再往下想，她完全忘了自己正在日本渡假，想盡辦法要查到那個女孩的電話。君君趁著衛民回來洗澡時，偷偷查他的手機，找到電話後，又悄悄溜出房間，打電話給那個女孩。

電話接通後，君君聽到一個女孩的聲音，她故作鎮定地問：「請問，王衛民在嗎？」對方語氣溫柔地回答，「他不在，去日本了。」衛民果然有打電話跟那個女孩報平安，君君快要按耐不住情緒，口氣不悅地問：「妳怎麼知道他去日本了？」

「他打電話告訴我的啊。」女孩的聲音有了戒心，隨即反問：「妳是誰？找他有什麼事情嗎？」聽到這個答案，君君的心全部揪在一起，跟著反問：「妳是他的女朋友嗎？」

「應該算是吧！那妳又是誰呢？」女孩的語氣充滿了質疑的意味。

「我也是他的女朋友。」君君忘了自己是怎麼說出這句話的，只記得當時心痛得像有人拿著一把槌子，不斷用力敲打她的心，每一記都痛到讓人昏倒。

「妳現在人在哪裡？」女孩的口氣也變得激動起來。

「我人就在日本。」掛上電話，君君全身顫抖，動彈不得，一個人在原地蹲了好久，才有力氣走回房間。衛民出來開門時，立刻察覺君君的神情跟之前判若兩人，關心地問：「妳去哪裡了？臉色怎麼這麼難看？」

這下君君再也克制不住，淚如雨下地問衛民：「你跟我說清楚，那個女孩到底是誰？誰才是你真正的女朋友？」

聽到那個女孩的名字，激動的人換成衛民：「妳怎麼知道她的名字？」不等君君說完剛才的通話過程，衛民早就急得像熱鍋上螞蟻，極度擔心那個女孩會做出什麼傻事；一點都無視於坐在他面前，兩隻眼睛哭得像桃子一樣的君君。

衛民在狹小的房間裡走來走去，不斷打電話回台灣，試圖跟那個女孩解釋。縮在床上的君君，從來沒有看過衛民如此焦慮不安，忍不住安慰他：「沒事，那個女孩大概心情不好，跟朋友出去散心了。」

誰曉得好心沒好報，衛民居然氣得跟她大吼：「妳這是什麼意思？先陷害我，現在又回過頭來安慰我?!」沒想到一趟開開心心的旅行，會發展成這種結局，君君有點後悔，自己是不是太過衝動？反而把衛民推向那個女孩的懷抱？

受不了窒悶的空氣，衛民抓了一包菸就往外走，頭也不回地留下君君一個人在飯店，那種態度既冷漠又絕情。「他是不是還有別的祕密瞞著我？」君君再也顧不得做人的原則，她像獵犬搜索毒品般，不放過所有可疑的物品。

「為什麼衛民要留下這些證據讓我發現？他究竟是何居心？」君君開始心疼起自己的愚蠢：「我怎麼連一點識人的能力都沒有？」想到自己如此信任衛民，卻得到這種下場，真不曉得該說什麼話來自我安慰？

「還有更令人難以忍受的證據嗎？」君君在不安情緒的慫恿下，好奇心變得特別旺盛，她又拿起那本令人心碎的記事本，一頁一頁地尋找蛛絲馬跡。翻到後面幾頁，君君全身的血液頓時衝向腦門。她看到筆記本上有一些筆跡略顯凌亂的問句：「誰的身材最好？」、「誰的技巧最好？」、「誰的皮膚摸起來最舒服？」更叫人目瞪口呆的是，每個問句後面不但有人名，還有「心得感想」。

這個時候，君君已經沒有興趣知道，自己的名字被列在哪個問句後面，她對衛民的信任全部瓦解，她虛弱而堅定地告訴自己：「我再也不會相信他了。」

當信任瓦解時

不管世界如何進步，觀念如何開放，當相愛的雙方，有一方感情出軌，都會對愛情產生巨大的衝擊，即使外遇者誠心誠意想要回頭，依然難以建立「信任感」與「親密感」。也因此，雙方會有很長一段時間處於「脆弱敏感」的狀態下，無論外遇者發再多的誓，做再多的保證，都沒有辦法贏得對方的信任。

只要有一些突發狀況，兩個人便會陷入「交相指責」的衝突中，受傷者責怪對方：「你又在騙我了！」外遇者埋怨對方：「為什麼你永遠不相信我？」

當相愛的雙方「互信基礎」破裂後，通常很難站在對方的立場，體會對方的感覺，因此，如果想要「重建信任感」，不妨彼此「角色互換」：「若我是他，在這種情況下，會有什麼感覺？」

除了設身處地體會對方的感覺外，建立信任感，與其用「口頭保證」，不如用「實際行動」更為有效。這裡提供幾個建立互信的大原則給大家參考：

＊避免誤解：儘量避免在外面過夜，以免引起不必要的誤會。

＊行程透明：每天告訴對方確實的行程，讓對方可以輕易地找到你。

＊承諾的重要性：答應對方的要求之後，就要說到做到，最忌諱說一套做一套。

＊傾聽與理解：專心聆聽對方的抱怨、不滿與意見，讓對方暢所欲言，不要對方一邊說，你一邊解釋。

＊鼓勵真實表達：鼓勵對方說出真實的感受，不要把心事悶在心裡。

＊外遇第三者再次聯絡的應對：如果外遇第三者又跟你聯絡，最好先報備一聲，否則好不容易才建立起來的信任感，又立刻瓦解。

沒有深厚的「信任關係」做基礎，是發展不出恩愛的「親密關係」，下面的篇章會更深入、仔細說明如何「重建信任」。

評估外遇者是否可以信任的行為指標

當雙方關係變好，受傷者更會恐懼伴侶未來再度外遇，會有這樣的感覺和想法很正常，心靈受過重創後，難免會害怕再次經歷如此巨大的痛苦，身心已無法承受一絲一縷的苦痛。

大部分受傷者都無法百分之百確定，伴侶會不會再度隱瞞外遇的事實，分不清楚伴侶說的什麼是真的？什麼是假的？過去幸福裡隱藏的，竟是如此殘酷的事實。

在此，從過去的諮商經驗中，整理出「評估外遇者是否可以信任的行為指標」，或許可以觀察、印證看看。

■評估行為指標一：外遇者願不願意提出「愛的保證」

如果外遇者把心力都放在**合理化**自己的出軌行為，下面這些話是很常聽到的：

＊我沒有去找他，是他來找我的。

＊逢場作戲，沒有什麼大不了。
＊我對她沒有感情，只有同情。
＊我沒有認真談感情，玩一玩就會回來。
＊另一半不知道，就不會有傷害。
＊給我一點時間處理，總不能說斷就斷。
＊我每天都在拒絕誘惑，但我無法控制自己的衝動。

當外遇者的心理能量流動到合理化自己的出軌行為，就沒有能量流動到瞭解自己和改變行為。

■評估行為指標二：外遇者「說的」跟「做的」是否一致

倘若外遇者把心理能量都流動到消滅證據、掩蓋行蹤，那就最好盡早清醒，因為說謊已經成為他的生活模式，當外遇被發現後，他會更努力隱藏事實。

＊我會愛你一輩子。
＊我絕不會再犯。
＊你相信我，保證已經斷乾淨。

諮商的過程中發現，外遇者越是用**「絕對」**的語氣的保證、發誓，就表示他越想取信於受傷者，這個時候更要評估外遇者的行為，行為的方向是朝「結束關係」還是「發展關係」的方向走，如果「說的」和「做的」不符合，那就表示「做的」比較可信。

■評估行為指標三：外遇者的心力放在「保護自己不受傷」

很多外遇者在事實被發現後，會急於**保護自己**的自尊，而口出惡言，最常聽到的是：

＊你憑什麼查我的行蹤。
＊你沒有資格看我的手機，你侵犯了我的隱私。
＊你做什麼努力都沒有用。

＊老夫老妻就是這樣，有什麼好查的。
＊跟你在一起，我就像是行屍走肉一樣。

當外遇者把心力都放在保護自己，就比較不會把心力放在瞭解自己的狀態，努力改變自己的行為，那再度情感出軌的可能性也會比較高。

■ **評估行為指標四：外遇者願不願意說出「自己的感受和需要」**

如果外遇者能夠說出自己的感受和需要，同時兼顧受傷者的感受和需要，就比較有可能修復關係，但若外遇者覺得自己理虧，為了**避免衝突一味壓抑自己的情緒**，隱藏自己不舒服的感受，外遇者長期處在愧疚、委屈的情緒中，反而無益於修復親密關係。

■ **評估行為指標五：能不能耐心聆聽受傷者的痛苦**

如果外遇者只在乎自己的難熬感受，而不能**同理受傷者的痛苦感受**，就比較有可能再度情感出軌。不妨誠實回答下面這幾個提問：

* 外遇伴侶能不能體會你的痛苦？
* 外遇伴侶能不能覺察自己的行為對你造成多大的傷害？
* 外遇伴侶能不能聆聽你的想法，並且尊重你的看法跟他的不同？
* 外遇伴侶會不會自責、懊惱自己的行為？

上面這幾個提問，如果答案是肯定的，代表他是有心回到關係中，而不是只想要安撫受傷者的情緒。

■評估行為指標六：能不能誠實面對並且探索「自己外遇的原因」

很多外遇者都不想談論自己的外遇事件，也不願探索自己的外遇原因，逃避面對自己的真正議題，那未來外遇的可能性就會增高。

諮商的過程中發現，當外遇者能夠**誠實的面對自己**，**才有可能誠實的面對伴侶**，經歷外遇的衝擊後，要是連自己何以會外遇的原因都不清楚，對於自己的感情需求是什麼也不知道，也不關心彼此的親密互動模式，只是急著想要趕快翻頁，就代表外遇者沒有往內自我覺察，當外遇者沒有從事件中學習到什麼，那當他對受傷者的罪惡感降低，或是吸引他的外遇誘因又出現時，就有可能再度外遇。

25 外遇後重建信任關係

經歷外遇風暴後，要重建信任與親密感，很重要的關鍵點是，找出外遇原因但不評價對方。這裡也提供建立信任關係的四個方向：

1. **親和性**：雙方接受與傳遞意見都真誠自然，事件發生後，很多外遇者都不敢講出心裡的話，會害怕對方生氣，但這樣雙方的心理距離會越來越遠，反而無助於信任感的建立。也因此，受傷者要多鼓勵外遇者講出心裡的想法與感受，彼此越瞭解越有助於建立信任感。

2. **適時性**：雙方都需要學習察言觀色，給與對方實質、心理與情緒上的支持。實際常見的狀況是，不少受傷者事件發生前善於察言觀色，然而，事件發生後就不願意再給對方實質、心理與情緒上的支持。

3. **可預測性**：外遇者「說的」跟「做的」一致，才可以被信賴，信任不只是口頭保證，更需要在行為上有實際的改變，不斷印證「說的」跟「做的」一致，才能慢慢建立起來。

4. **忠誠性**：適當的尊重與認同對方的意見，受傷者要相信伴侶是忠貞的，可以做到承諾的。

重建信任關係的重點

受傷者可以具體列出：期待外遇者做些什麼調整或改變，自己可以感受到被關愛、被照顧、被尊重，例如主動提出：「讓自己感受更多關懷、更多放心、安心」的具體行動方案：

＊戒菸、戒酒。

＊有耐心聽我說話。
＊有時陪我去旅行。
＊常常關心我，訊息或電話都可以。
＊我想知道什麼都要告訴我。
＊多花時間跟孩子相處。
＊撥出時間跟我相處。

重點是內容要具體可行，語氣平和不威脅對方：「你做了這麼多對不起我的事，現在你要好好補償我，你做再多都是應該的。」

■雙方都列出可以提升信任感的項目

包括：期望另一半能夠為自己做的事情是什麼？另一半已經做到的是什麼？另一半很少或是沒有做到的是什麼？

受傷者可以具體列出：外遇者做些什麼對建立信任是有幫助的？

＊出差的時候，告知確切的時間及行程，而且可以印證。

＊我想看手機時就給我看。

＊如果第三者跟你聯絡，一定要跟我說。

＊不管有什麼感受或想法，都跟我分享。

當外遇者達成自己提出來的任何一個期望時，受傷者都可以記錄下來，這樣可以幫助自己看到外遇者的努力。

而外遇者也要評估自己是不是做得到，如果做不到，最好及時提出來討論，避免勉強答應，事後做不到，反而會破壞信任關係。

外遇者要思考：

＊一但答應，我做得到對方要求的改變嗎？

＊做的時候我會產生不舒服的情緒嗎？如果有不舒服的情緒，不妨適時提出自己的擔心是什麼，讓受傷者瞭解自己的感受和想法也很重要。

很多受傷者往往會提出一連串「包裹式的承諾」，外遇者只要其中一樣沒有做到，就認為對方毀諾，立即產生衝突。這個時候，不妨跟外遇者討論「做不到的原因」，鼓勵對方說出心裡的想法跟感受。

■從背叛到愛的堅定承諾

外遇者需要做「愛的保證」以勇敢、確實的行動向另一半證明：「我承諾不會再讓你受到傷害。」外遇者需要用更多的耐心來清理受傷者的心靈傷口，用更多的愛意來包紮痛處，才有可能緩步修復癒合。

■觀察伴侶為了重建信任所付出的努力

受傷者需要敞開心胸，再次信任對方，並且看見另一半為了重建信任所做的努力。很多時候外遇者不只自動自發做到受傷者提出來的期待，甚至還做到之前受傷者渴望的行為，像是調整工作重心，每天回家陪伴孩子，盡力分擔家務等等。

一開始受傷者可能會被外遇者的轉變所感動，可是沒過多久，內心卻會出現質疑的聲音：「他持續不了多久，就會變回原來的老樣子。」或是質疑對方的動機：「他只是想騙我原諒他，只要我相信他，他就會再度出軌。」

此外，也有很多受傷者認為外遇者會回心轉意，不是因為愛自己，而是為了孩子妥協，或是為了面子不想讓別人知道他外遇，或是他不想失去現在溫暖的生活，或是他想要有人照顧他。這些想法會讓受傷者覺得自己被利用了，而接收不到外遇者的努力改變。

■苦心挽回受傷者瞭解，共同重建信任

外遇者在努力挽回的過程中，要相信受傷者是知道自己的苦悶，受傷者不會後悔做出復合的決定。

重建互信互愛的關係

在親密關係中，外遇行為對信任的破壞力超乎想像的大。重建的過程中不僅需要外

遇者改變對待伴侶的行為，表現出更大的包容與愛，還要清晰表達對關係的珍視。在此提供：如何透過具體的行動和反省，停止傷害行為，逐步重建伴侶間的信任與親密。

■外遇者要改變自己對待伴侶的行為

包括：外遇者要表現出讓人放心、安心的行為，對受傷者展現更大的包容力，付出更多的愛。

■外遇者需要清楚知道親密關係未來的發展

外遇者需要坦承地告訴受傷者，自己珍視、重視的是什麼？例如：對方在你心中是無可取代的。

■外遇者可以請伴侶告訴自己

自己所做的努力，哪些是受傷伴侶有感覺到、有接收到，瞭解自己的努力是值得的。

■外遇者避免說會「破壞信任」的語言

很多外遇者一方面生氣伴侶不信任自己，另方面卻一直說「破壞信任」的語言，像是「既然你不信任我，那我去找信任我的人。」或是「我沒有做不可告人的事情，你不能質疑我的人格。」當受傷者手握清楚的證據，非常確定伴侶外遇時，這些原本想要「建立信任」的不一致語言，就會變成「破壞信任」的語言，更擴大雙方的信任裂痕。

■一再的背叛與重複的承諾

信任感一但破壞，要重建是非常辛苦的，好不容易建立起來的信任感，只要經歷「毀諾」，一再的背叛，與重複的承諾，之後就更難建立了。

事實上，很少外遇剛發生時就來做伴侶諮商，很常面對的狀況都是，外遇者一再的背叛，與重複的承諾，所以，做伴侶諮商的時候，常常會聽到受傷者跟我說：「心理師不要被他真誠的態度騙了，之前我也是看他這麼真誠，而被騙受傷。」

這個時候，我也會思考：這條「信任重建」的道路要如何鋪設？我的回饋是，外遇者需要做個別諮商，因為「外遇」其實只是心理議題的反射，外遇者需要瞭解自己外遇的原因，覺察自己的行為對伴侶、家庭造成的傷害，省思自己的人格特質會如何面對壓力，以及探索自己的生涯發展狀況，還有性心理發展的歷程，才有可能忠於自己的承諾，停止外遇行為。

26 外遇者要如何道歉才有效

外遇事件發生之後，大多數的外遇者都會跟受傷者道歉，然而，道歉的效果都往往不如預期，最常聽到的「道歉詞」是：

「是我做錯了，如果你受不了，想要離開，我也無話可說，我會尊重你的決定」，這句話非但沒有達到道歉的效果，反而會讓受傷者覺得外遇者要遺棄自己，想要跟第三者走了。

「如果你覺得很受傷，我很抱歉。」，這句道歉詞不只會讓伴侶感到不真誠，還會產生副作用，受傷者會覺得外遇者沒有真正體會自己的痛苦，沒有真心悔改。

也有不少外遇者會愧疚地詢問：「那我現在可以怎麼做？」受傷者常會生氣地說：「你現在做什麼都沒用。」外遇者也多半會接著回答：**「如果我做什麼都沒有用，那我**

也沒有辦法。」

「與其看你這麼痛苦，不如分開好了」，這樣的道歉詞表面上似乎為受傷者著想，想要讓受傷者好過一點，卻會讓受傷者覺得外遇者「根本不想努力」，想要把自己推開，通常會更加生氣。

「事情已經發生了，我也無能為力」，這種說法只會讓受傷者覺得無力，感受不到外遇者對自己的愧疚感，有心想要撫平自己的痛苦。

「我已經道過歉了，你不要再提起這件事，你再講我就離開了」，這句話聽起來像道歉，實際上卻是威脅受傷者「你再說，就別怪我離開」，會讓受傷者感到更加委屈。

從上面的「道歉詞」中可以察覺，這些話語中都暗藏一些會引發情緒的字眼，想要收到「道歉的效果」，最好避開會讓受傷者感到不舒服的語言。

道歉時避免使用的語詞

紐約大學的教授格拉斯哥（David Glasgow）**研究發現，道歉之所以會讓人覺得沒**

有誠意、太過虛假，是因為道歉者使用了「如果」跟「但是」這兩個常用的語詞。他舉一個常見的例子說明：「如果你因為情緒太激動，以至於沒有察覺我在開玩笑，我很抱歉」，這樣的「如果」道歉句型會讓對方有被質疑、被指責的感受，自然效果不好。

此外，在道歉的過程中出現「但是」的句型，則會給對方「合理化自己行為」或是「逃避責任」的印象，譬如說：「我很抱歉把關係搞砸了，但是我不是故意的」，這句話除了會讓受傷者覺得不夠真誠，彷彿還提前預告自己「未來還會再犯」，越道歉對方越不安。

怎麼道歉才有效果

道歉要達到效果，格拉斯哥教授提供「四個R的道歉法則」，我發現這套法則非常適合用於外遇後的道歉，值得外遇者學習。

＊第一個「R」是Recognition（認知），明確認知並承認自己的錯誤。

＊第二個「**R**」是 **Responsibility**（負責），接受自己錯誤所帶來的傷害，並為錯誤負責，同時不附帶任何「但書」。

＊第三個「**R**」是 **Remorse**（後悔），對自己的行為表現出後悔的態度，但不需過於戲劇化，適度且發自肺腑即可。

＊第四個「**R**」是 **Redress**（矯正），採取實際行動去矯正、彌補因為自己的錯誤所造成的傷害。

也因此，「有效的道歉」不是說完「對不起」、「很抱歉」就結束了，而是要感同身受，用具體行動去展現負責、後悔、彌補的心意，才可能讓受傷者接收到誠意。

還有些外遇者會不斷強調：「我很愛你」，以為這樣可以讓受傷者釋懷，事實上這句話會激發反感，會讓受傷者覺得矛盾：「很愛我」卻會「重傷我」，要如何相信外遇者的愛是真愛。

這個時候，採取彌補的說法是：「因為我的外遇行為，讓你身心承受這麼多痛苦，我知道現在我做什麼可能都無法立刻減輕你的痛苦，我想做點什麼，你可以告訴我，做什麼可以讓你好過一點點。」

道歉要有效，重點是受傷者的感受好不好，而不是外遇者的主觀判斷，還有就是，**外遇後的道歉需要持續進行，當受傷者又進入痛苦情緒時，不妨再次道歉，讓受傷者從每一次的道歉中獲得釋放的力量。**

27 重新認識、瞭解彼此的機會

很多伴侶在雙方共同生活後，就忽略去瞭解對方的心理與情緒，總認為「老夫老妻就是這樣」，對伴侶的印象一直停留在過去的時空，沒有更新伴侶「現在的心理狀態」，也因此，外遇衝擊雖大，但也是重新瞭解彼此心理及變化的最好時機。

學習傾聽與反應的技巧

外遇之前「說的比較多」的一方，可以學習傾聽與反應的技巧，由於外遇的過程會累積太多情緒、誤解、衝突，因此，雙方聆聽的重點要放在「對方語言背後真正要傳遞的訊息」，如責備怒罵後面要傳遞的是受傷與痛苦，這樣才不會被表象的語言誤導。

外遇者積極傾聽的重點

外遇者要學習「積極傾聽」，重點放在受傷者身上，從受傷者的角度重新看待外遇事件，用心思考一下：受傷者想要傳遞什麼訊息給自己？希望多瞭解自己什麼？

很多外遇者會急於解釋：事情不是受傷者想的那樣，感覺自己被誤解了，有些外遇者還會生氣反駁：「既然你把我想得那麼壞，我越解釋越黑，那乾脆就不要再講了。」無論受傷者講得對不對，符不符合事實，外遇者都要先耐心聽完，再摘要對方所說的話，等對方覺得你聽懂他的感受，接下來的說明與解釋才會有效果。

＊**簡述語意／摘要：**簡單重述或摘要伴侶的話語中的「內容」，一方面表示自己有聽懂，另一方面也幫助伴侶整理思緒。

受傷伴侶之所以要反覆講同樣的內容，是因為受傷者覺得外遇者不瞭解自己：「真正在意的地方是什麼」，因此，要由受傷者來評估：你對他的瞭解有多深？而不是認為受傷者應該要瞭解自己的個性，應該信任自己。

療傷的過程中，受傷者多半想要傾吐心中的痛苦；外遇者多半想要避開衝突，如果不瞭解這個心理差異，雙方在溝通互動時，常會累積大量的挫折，讓關係變得更疏離冷淡，所以，外遇者的聆聽意願，不只可以減輕受傷者的痛苦，更能進而降低敘說痛苦的需求和頻率。

整理出雙方的差異與不滿

瞭解雙方的差異與不滿是非常重要的一步。這不僅有助於雙方更深入地理解彼此，還能為解決問題鋪設基礎。這裡提供一個簡單的方式，可以快速整理出雙方的差異與不滿：

*自己不欣賞伴侶的哪些特質？

*伴侶不欣賞自己的哪些特質？

＊覺察一下：自己的哪些特質容易引發衝突？

＊覺察一下：伴侶的哪些特質容易引發衝突？

瞭解「互動過程」會引發雙方「負向感受」的因子是很重要的，找到這些引發情緒的特質後，就可以進一步探索：希望伴侶關係調整到什麼狀態，相處起來最舒服？然後彼此都問問自己：

＊在語言上，我要說些什麼，才能達到這樣的互動狀態？

＊在行為上，我要多做什麼，才能達到這樣的互動狀態？

找到彼此都覺得舒服自在的「新互動方式」，就可以開始試著調整看看，調整的過程中，不妨抱著實驗的精神，可以依據實際的狀況，做滾動式調整，同時給對方一些正向回饋，例如「我很在意你說的」、「我很重視你的感受」、「你做了什麼我感覺很受用」，這樣可以幫助雙方持續產生調整的動力。

調整雙方親密互動的方式

這裡提供重新調整「親密互動」的具體方式，可以自己先進行，也可以邀請伴侶一起來做，或是雙方先各自進行後，再合起來討論。調整互動方式的第一步是先探索彼此的「感情需求」各是什麼？然後根據彼此的「感情需求」調整互動方式。這個過程主要包括以下四個步驟：

＊第一步，探索感情需求：先找出雙方的「感情需求」各是什麼？這些需求可能包括：

□感激的語言或行為。
□讚美的語言或行為。
□鼓勵的語言或行為。
□接受的語言或行為。
□信任的語言或行為。

□關心的語言或行為。

□瞭解的語言或行為。

□呵護的語言或行為。

□安慰的語言或行為。

□忠誠的語言或行為。

＊第二步，理解需求意義：深入瞭解這些需求背後的含義，這對雙方都非常重要。

＊第三步，滿足對方需求：探討具體行動，如何才能有效滿足彼此的感情需求。

＊第四步，調整互動方式：探索出具體做法後，就可以根據彼此的「感情需求」來調整滿足需求、有滋養性的互動方式。

■調整想法與觀念：雙方給予互動的意義與期望是什麼？

自己看見伴侶的行為，會如何解讀？先寫下來。

自己聽見伴侶所說的話後，會賦予什麼意義？先寫下來。

接下來，根據自己對伴侶行為的解讀，慢慢建構出自己對親密的想法觀念是什麼。

透過這個過程，除了瞭解自己的親密互動模式，更重要的是，知道模式背後的想法是什麼？

累積多年的諮商經驗發現，會破壞親密關係發展的想法和觀念，有下面這幾個：

＊**默契與需求（期望伴侶的主動觀察）**：相處那麼多年，伴侶應該知道我的需求，他應該自己觀察，不需要我用說的。

＊**愛的表達與認知（對「真愛」的期待）**：「愛」還要透過提醒就不是「愛」了，如果還要告訴他：怎麼做「我才會感受到被愛」，這就不是「真愛」。

＊**第三者與真愛（比較愛的表現）**：第三者也沒有告訴他要怎麼愛對方，他就那麼積極有行動力，這才是「真愛」。

＊**懷疑與不信任（對伴侶的不確定感）**：他現在表現好，只是要騙我回心轉意，一但我相信他，他又會感情出軌。

＊**受傷與自我保護（對修復關係的抵抗）**：他傷害我的心理，害我這麼痛苦，我為什麼要為了修復關係而改變。

＊信任的修復（對關係恢復的懷疑）：人家說：破鏡難圓，信任破壞了，不可能會修復。

＊錯誤的溝通（懼怕表達需求）：我做錯事，還有資格請伴侶為我改變嗎？我說出來，只會激怒他，不可能會有用的，還是不要說好了。

自己和伴侶也有這些觀念嗎？如果有的話，可以觀察一下：這些想法，會如何影響你們的互動？

調整感受情緒與親密關係

目前的關係帶給你什麼感覺？寫下自己的感覺：感到很焦慮、覺得不平衡、既生氣又委屈，感覺自己常被忽略……。寫完之後，可以透過評量，找到調整感受情緒與親密關係的方向。

在此提供一個「評量式問句」，是很有用的情緒評量工具，不只可以引導出親密關係的願景，並且能夠形成具體可行的小步驟，清楚瞭解雙方到目前為止的狀況與努力，可以跟伴侶一起看到努力的成果，同時還可以提供前進的動力，思考下一步有利於關係發展的具體行動。

■評量式問句

從一到十，分成十個等級，一代表沒有情緒，十代表非常強烈，感覺它有多強烈？

* 發生什麼事情引發情緒？
* 對於情緒，自己有什麼想法嗎？覺得情緒與過去、現在、未來有關聯嗎？
* 產生情緒的時候，自己會想做什麼事情？或是說些什麼話嗎？
* 會期待伴侶做些什麼，可以幫助自己調節情緒？
* 會期待伴侶做些什麼，有助於改善目前的關係？
* 覺察自己讓伴侶感到不安，可能的原因是什麼？
* 伴侶會希望自己做什麼改變嗎？

＊伴侶希望自己做的改變，會引發自己的情緒嗎？

做完之後，可以找個情緒平穩的時候，邀請伴侶一起討論，如果討論的過程中，又引發雙方情緒，就先按「暫停鍵」，先各自整理一下情緒再討論。

「評量式問句」也可以用在建立信任感，從一到十，分成十個等級，一代表雙方互不信任，十代表雙方信任度最高，目前大概在幾分？無論分數幾分，都可以瞭解目前的信任狀況，以及信任的基礎在哪裡？譬如說，目前的信任指數是三分，如果要前進到五分，可以多做些什麼，對建立信任是有幫助的？不只能形成具體可行的小步驟，還可以清楚看到信任增加的過程，讓雙方更有信心往前走。

28 建立雙方溝通的平台

在重建親密關係的過程中，常常會遇到兩種不同的阻礙：一種是沉默不語，任何想法和感受都放在心裡，不願意說出來討論；一種是任由情緒宣洩，無法理性討論。

很多外遇者都不喜歡討論，會認為明明就好好的，一討論又會產生不愉快，何苦自找麻煩，事實上，這就是外遇者典型的「想法與觀念」，認為**「受傷者不知道就不會痛苦，不討論就不會有情緒。」**

外遇者需要真正理解，做什麼才是對受傷者有幫助的，而不是用自己的想法觀念去推論受傷者「應該怎麼做才對」，也因此，建立一個持續對話溝通的平台是很重要的。

要不要「回答的選擇權」由受傷者決定

還有外遇者在回答受傷者的提問時，決定要不要回答的選擇權，是由受傷者來決定，倘若外遇者拒絕回答，會讓受傷者覺得對方在掩蓋事實、存心欺騙，不利於信任的建立。

回答問題的重點可以放在：尊重受傷者的意願、想法、感受上；同時用詞要注意會不會引發受傷者的負向感受，並且**試著給予正向回饋**，為重建信任找到積極有效的做法。

避免錯誤解讀對方的意思

外遇事件發生後，不少外遇者都會錯誤解讀對方的意思，譬如說，受傷者在描述自己的感受，外遇者會扭曲成「指責我不對」；或是當受傷伴侶提出期望時，外遇者會認為對方又在試圖「控制」、「干預」自己的行為，一但誤解對方的意思，就很容易造成不恰當的反應，所以，學習正確解讀對方的意思，澄清對方真正要表達的訊息，是很重要的。

■練習「澄清的技巧」

＊**清晰溝通（避免模糊不清的措辭）**：當進行溝通時，若是用字措辭過於籠統模糊，很容易讓對方無法瞭解說話者真正的意思，因此，訊息盡可能清楚具體。

＊**伴侶期望（確認和澄清需求）**：當伴侶覺得自己「我都得不到想要的東西」時，可以進一步確認「希望我做什麼，是你想要的？」來澄清伴侶的期待或需求是什麼？

＊**感受分享（表達瞭解與同理）**：反映並分享自己對伴侶的感受與瞭解，例如：「我聽到你很努力想要做出一些改變，但是對結果感到很挫折。」

＊**感情探討（瞭解對方的感受）**：可以詢問伴侶：「討論這件事時你的感受是什麼？這對我很重要，可以讓我更瞭解你。」

■溝通時覺察自己是否有防衛心理

外遇事件發生後，伴侶溝通之所以變得不容易，是因為雙方都很容易啟動防衛心理，特別是外遇者常會啟動「自我保護機制」，忍不住為自己辯解：「你說的沒錯，但這樣就不是原來的我，為什麼我不能做自己。」或是用語言貶抑對方：「就算我有錯，你也有錯，你也有很多讓我受不了的地方。」或是反駁對方：「你太誇張了，你想像力太豐富了。」或是擺出抗拒的態度：「我不想討論」、「我為什麼要隨你起舞。」一但啟動防衛心理，就很難有效對話，之後的語言都可能變成互相傷害。

■適時按下「暫停鍵」

溝通討論的過程中，一但引發情緒，雙方都可以適時按下「暫停鍵」，諮商的過程中，我通常都會跟雙方討論：什麼狀況下需要按下「暫停鍵」？暫停的語言可以先討論出一個共同的版本：

＊我感受到你有些不舒服，我們先喝口水，三十分鐘後再討論，好嗎？

適時按下「暫停鍵」，並不是突然掉頭就走，留下充滿情緒的伴侶在現場，而是給彼此一個緩衝時間，思考一下：怎麼說？或怎麼做？會對親密關係比較有建設性。

如果覺察自己因為太過疲累，導致專注力無法集中，也可以及時提出來，太過勞累時進行溝通，非但談話品質不好，而且情緒很容易暴躁易怒，會造成反效果。這個時候也可以按下「暫停鍵」，並且說明：

＊我很想好好聽你說，但我感覺自己精神有點不集中，讓我休息一下再繼續討論，好嗎？

溝通要順暢，要達到雙贏的境界，就要避免進入「競爭關係」，停止爭論或想要用語言或聲音壓過對方，同時也不使用「評價式」、「否定式」的語言，像是：「你只會說，根本做不到」、「你每次都這樣」、「你就是一個騙子」，盡可能調整會升高衝突的說話方式。倘若不清楚自己的說話風格，可以參考我另一本著作《從說話洞察人心》，練習換個說法，對關係更有幫助。

■評估你們的溝通關係

＊上次跟伴侶談話的氣氛如何？
＊彼此關係中的信任程度為何？
＊彼此關係中的尊重程度為何？

這裡也提供幾個可以增進「正向溝通氣氛」的技巧：當伴侶在敘述的過程中，要讓伴侶把話說完。諮商的過程中，很常出現急於打斷對方說話，或急於解釋自己的狀況，這個時候，最好先把重心放在對方身上，一次只討論一個主題，避免同時進行好幾個主題，主題跳來跳去，就較難聚焦得到共識，還有當伴侶說話時，也要有眼神交流，看著對方的眼睛專注聆聽，讓對方感受「你很想聽」，而不是「被迫聆聽」，也可以發揮很大的力量。

29 重新享受情感流動的親密與性愛關係

許多受傷伴侶會抗拒跟外遇者有身體的親密接觸，腦中會不自主播放對方與第三者性愛的畫面，也有些人會產生強烈的「不潔感」、「骯髒感」，甚至嚴重到無法接觸外遇者碰過的東西，連不小心碰到都會有噁心、反胃的感覺。

也有些男性受傷者在伴侶外遇後，會有「表現的焦慮」，會不斷詢問伴侶：「自己跟對方比起來如何？」很擔心自己無法滿足伴侶的性慾望。

這個時候「尊重自己的感受」很重要，無需勉強自己，可以透過不同的形式表達愛意，先從情感流動開始，再享受肌膚之親的感受。太過勉強自己接受不舒服的肌膚之親，還有可能會導致「性慾望過低」或是「性嫌惡」，反而無助於長期的親密關係。先瞭解與評估：

＊瞭解目前的性生活情形如何？

＊雙方「性態度」與「性行為」的彈性如何？

＊評量對伴侶的態度：自己會如何關心對方？對伴侶有無敵意？信不信任伴侶？伴侶誠不誠實？

＊可以透過書中提供的「性慾望自我評估量表」，瞭解自己與伴侶的性慾望強弱。在此也特別提醒：避免將「伴侶的慾望強弱」與「自己的魅力強弱」連結在一起，認為伴侶的性慾望低落就代表他不喜歡自己，或認為自己缺乏吸引力。

經歷背叛的衝擊後，要如何坦然面對一個傷害自己這麼深的人？真的不是一件容易的事情，倘若一時之間還無法進入性愛關係，先從經營感情開始，讓雙方先重新感受溫暖和溫情。

喚起過去互相吸引的地方

回顧過去曾經有過的歡樂美好時光，「未來的關係」就建立在過去關係的厚度上，兩個人曾經走過的成長歷程，雙方攜手完成的各種事情。

一般而言，外遇者常會選擇性回憶過去不愉快的事情，目的是合理化自己的外遇行為；受傷者有的人會回憶過去的溫馨時光，期待可以挽回感情，有的人會回憶過去的辛苦時期，期望對方可以看見自己的付出，給自己更多的回報。

如果過去雙方的「感情存款」越多，關係就越容易修復，相反的，若是過去缺乏「感情存款」，現在就更需要共同努力累積「感情存款」。

親密與性愛關係

在修復親密與性愛關係的過程中，受傷者往往會很在意對方的反應，如果伴侶表現的不夠熱烈，就會覺得是自己缺乏吸引力，或是認為伴侶心中還在想著第三者，或直覺伴侶仍跟第三者暗通款曲，感覺伴侶依然在欺騙自己，或是堅信伴侶的生理反應才是最誠實的。

也有的受傷者想要透過性愛的過程，降低內心的焦慮感，像是想要把伴侶的精力用光，讓對方沒有力氣去找第三者；或是擔心自己若不能滿足伴侶，對方就會去找第三者滿足慾望。

還有些受傷者會擔心，有了親密與性愛關係，外遇者會不會就認為「自己原諒他」，已經沒事了；同時也會想測試伴侶，要是沒有得到性的滿足，是不是會立刻回到第三者身邊，這樣就證明對方沒有真心悔改，之後再犯的可能性是很高的。

受傷者覺察自己的身心狀況是很重要的，不妨傾聽身體的聲音，不只可以找出情緒的來源，還能探索失調行為的根源，進而避免自己把「性愛」當成操控對方的武器。

■從「肢體接觸」開始互動增溫

事實上，如果在親密與性愛關係中加入太多的焦慮情緒，無形中也會增加很多相處與性愛的壓力，這個時候，不妨先從「肢體接觸」開始互動增溫，等慢慢建立信任感和親密感後，再逐步往前。雙方都可以列出自己覺得安全、感覺被愛的肢體接觸：

* 回家時，抱我一下。
* 走路或散步時，可以牽我的手。
* 疲累時，幫我按摩。
* 看電視時，身體可以互相依靠。
* 關掉鬧鐘後，可以在床上陪我一下。

想要從伴侶身上感受到熱情，那麼自己也要熱絡起來。我看過很多「渴望親密，卻不敢開放自己」的受傷者，會莫名對自己的身材、技巧感到羞愧，以致於會抗拒跟伴侶產生身體的親密感，不敢開放自己，也畏懼投入關係，擔心自己會再度受到傷害。所以，要如何建立「把脆弱私密的自己交給對方，可以安心不會受到對方傷害」的信任感，是重建「親密與性愛關係」的重要關鍵點。

■練習做性愛溝通

很多伴侶不敢說出自己的性愛感受，更不敢期待對方改變性愛方式，害怕傷到對方的自尊，擔心被對方責怪，更恐懼被伴侶拒絕，所以，多半把自己的性愛需求放在心裡，不敢說出口。

事實上，在諮商過程中，大多數的受傷伴侶都希望對方可以說出自己的性愛需求，而不需要先自行決定伴侶會接受或是拒絕，很常聽到受傷伴侶強調：我可以接受你的性愛需求，但不能接受你跟別人發生性愛關係。

因此，說出自己的性愛需求，可以同時拉近身體與心理的距離。

伴侶關係比事件發生前更親密、更平等

諮商過程中發現，很多伴侶關係，在外遇事件發生之前，都處於不平等的親密關係，常見的狀況是，外遇者是家中的經濟支柱，也是一家之主，全家都要配合外遇者、聽從外遇者的指揮；另一種狀況是，家中握有「話語權」與「決定權」的是受傷者，大

部分的事情都由受傷者當家作主。外遇事件發生後，不只要療癒感情創傷，同時也需要調整「不平等的親密關係」，關係要「逆轉」，雙方都需要有很多的自我覺察與心理能量。雙方可以共同思考，互相討論：

* 雙方期待未來親密關係有什麼不同？
* 雙方對親密關係的願景是什麼？
* 要做哪些改變，願望才能實現？
* 什麼狀況會阻礙達到願景目標？
* 曾經做過哪些努力來建立平等尊重的親密關係？
* 哪些時候覺得自己做得很成功？
* 曾經嘗試如何解決感情中的難題？會採取什麼方式進行？
* 尊重和愛的親密關係，對你有多重要？

討論出彼此都覺得自在舒服、受到尊重的互動方式後，就可以落實於生活中，享受得來不易的愛情果實。

■原諒的力量

當雙方的「親密感與信任感」建立之後，接下來的諮商重心會放在帶領彼此產生「原諒的力量」。

很多外遇者會誤解「原諒」的意思，以為「原諒」就代表事情已經告一段落，受傷者從此不會再重提往事。事實上，大多數的受傷者經歷背叛的痛苦後，無論時間過了多久，雙方感情修復得多好，依然不能百分之百信任對方，仍然會擔心對方會不會又再度鬆懈，做出讓自己無法接受的事情。

相對的，受傷者「原諒」伴侶後，還是會想到被欺騙時的憤怒：為什麼我還在忍受痛苦，卻要「原諒對方不計前嫌」，難道「做不到原諒」就表示自己「心胸狹隘」嗎？明明做錯的人不是我，但好像「不原諒」就是我心理不健康。也因此，諮商的時候需要特別說明：**「原諒」不代表外遇事件從此「一筆勾銷」，也不意味「船過水無痕」，而是讓自己的情緒逐漸平復，親密關係不再充滿怨恨與報復。**

雖然「原諒伴侶」是一條漫漫長路，但過程中會有轉機，會漸漸感受到正向情緒，會慢慢嘗到幸福的滋味，這個時候，就可以進行「原諒的力量」，我會詢問雙方：想跟對方講的話都有充分表達嗎？受傷的情緒都有得到撫慰嗎？如果兩個人的答案都是肯定的，那就可以進行一個「原諒的儀式」，雙方都可以說出自己對「原諒」的想法與感受，即便未來還有「情緒殘渣」，也可以有傾倒的出口，會持續接納與照顧對方的感受。

很多當事人跟我分享：他們的感情真的比以前更好，現在他們不會忽略對方的感受，會把對方說的話當一回事，很珍惜彼此這樣的轉變，會謝謝對方為自己所付出的，不再認為是理所當然。

這些用痛苦提煉出來的珍貴回饋，我獻給此時此刻正在痛苦中煎熬的伴侶們，只要相信未來會有轉變，你們也可以享受苦盡甘來的親密關係。

—測驗—

性慾望自我評估量表

這份量表旨在協助你自我評估對性活動的興趣和期待程度。請根據你過去六個月的真實狀況，給予每個題目一至十分的評分，以反映你的個人的經驗。量表可以重複自我評估，瞭解自己在不同階段的「性慾望」變化。

※評分標準說明

在進行性慾望自我評估時，我們採用了一至十分的評分體系，以精確地捕捉和表達你的個人經驗和感受。這個評分範圍不僅包括了一分、五分和十分這三個主要標記點，還包括了這些標記點之間的所有分數，以確保你能夠表達出更細緻的感受層次。

- 「一分」表示「完全沒有或極為罕見」，你在這方面幾乎沒有任何經驗或感受。

- 「二至四分」表示你偶爾會有這方面的體驗，但這些經驗相對輕微且不太頻繁。
- 「五分」代表「中等程度」，你有時會遇到相關的情境，但這些經驗不會太強烈或頻繁。
- 「六至九分」意味著你較為經常遇到這些情境，且感受的強度介於中等到較高之間。
- 「十分」則表明「非常頻繁或慾望非常強烈」，你經常遇到這些情況，並且感受極為強烈。

這個評分體系讓你能夠更細緻地分析和理解你的個人體驗，從完全沒有到極度頻繁和強烈，每一個分數都有其獨特的意義，幫助你準確地描述自己的感受。透過這種方式，你可以更清楚地掌握自己在性慾望方面的個人狀態，為進一步的探索和理解奠定基礎。

※性慾望自我評量

(1) 過去六個月，你與伴侶從事性活動的頻率是多少？（一至十分）

(2)過去六個月，你想與伴侶從事性活動的想法出現的頻率是多少？（一至十分）
(3)過去六個月，你對與伴侶從事性活動的慾望強度是多少？（一至十分）
(4)當你首次遇到對你有性吸引力的人時，你想與對方從事性活動的慾望強度是多少？（一至十分）
(5)若身處浪漫情境中，你的性慾望強度是多少？（一至十分）
(6)過去六個月，你與自己有性行為的頻率是多少？（一至十分）
(7)你對與自己從事性活動的慾望強度是多少？（一至十分）
(8)你在多長時間沒有從事性活動時，還能輕鬆自在地生活？（一至十分）

※**量表說明**

這份「性慾望自我評估量表」有兩個評量方向：一個是與伴侶從事性行為的慾望程度，另一個是自我從事性行為的慾望程度。量表結果可以幫助你和伴侶調整關係，也可與信任的心理師討論性議題，並用於探索你的性慾望變化。

30 遠距離感情如何維繫

惠惠跟明宏從高中開始談戀愛，兩個人在同學朋友眼中非常登對，無論外貌身高或課業表現皆很適配，大家都很羨慕他們這麼契合。高中畢業之後，惠惠和明宏分別考取不同的大學，剛好一南一北，由於兩個人曾經陪伴彼此走過重要的成長階段，加上明宏很疼愛惠惠，凡是會讓惠惠焦慮擔憂或不開心的事情，他通通不會去做，而且也會自動跟異性保持距離，所以，雖然分隔兩地，但感情一直隱定發展。大學畢業後，原本約好要一起回北部工作，偏偏找的工作又讓他們分隔兩地，兩個人心想：已經通過那麼多年考驗，雙方感情應該經得起考驗，不會有相處的問題。

為了維繫感情，惠惠和明宏幾乎每天都會視訊，聊聊當天發生的事情，分享工作的點滴，說說心情的起伏。這樣的互動已經是兩個人的生活必需品，有天在視訊時，惠惠用小螢幕讓明宏觀看跟朋友們出去玩時拍攝的照片，明宏發現惠惠身邊老是站著同一個男生，而且兩人的距離靠得很近，彷彿就是一對情侶，明宏心中微微不快，可是，更令他介意的是，惠惠居然想要把手機上的照片換成這個男生拍的，還說自己現在手機上的照片不夠好看，難道惠惠忘了那張照片是明宏幫她拍的？明宏希望惠惠不要換掉照片，惠惠卻生氣明宏管太多。

儘管惠惠跟明宏努力挪出時間碰面相處，但因兩個人都需要工作賺錢支付生活費，所以只能利用放長假的時候約會，而且幾乎都是明宏回台北跟惠惠見面，惠惠很少到高雄去看明宏。最近明宏工作的地方有個女同事似乎很喜歡他，不只在社群上非常關注明宏的動態，而且不管明宏分享什麼訊息都來按讚，還不斷誇獎明宏，女同事甚至露骨的表達自己很欣賞明宏，可惜相見恨晚。

即使惠惠很信任明宏，知道他不會跟這個女同事搞曖昧，但心裡依然覺得不是滋味。此外，讓惠惠感到矛盾不安的是，公司有個男同事對自己很殷勤，對方個性又幽默風趣，惠惠察覺自己好像有點心動，可是同時又很愛明宏，怎麼會有如此奇怪的感覺？惠惠很苦惱，不知道該怎麼辦才好？想找朋友討論，又擔心對方將來會告訴明宏，惠惠決定去找心理師協助。

遠距離感情要有「熟悉感」跟「信任感」

統計常見的感情困擾中，「遠距離感情經營」是越來越多親密伴侶會面對的難題，很多人都想知道：如何找到跨越時空的最佳相處之道；或是當自己不知不覺愛上別人該怎麼處理比較好？

事實上，遠距離感情最難維繫的是「熟悉感」跟「信任感」，好在拜科技之賜，現在的伴侶可以透過視訊、電話或是簡訊來保持感情的熱度；另外，有時「距離」可以產生「思念的美感」，對感情也會有保溫的作用。

但不可否認，遠距離感情很怕遇到孤單寂寞來侵襲，特別是「需要對方的時候，對方不在身邊」，更是啃食人心。要想縮短空間距離的影響，最重要的是「保持熟悉感」，包括瞭解伴侶的情緒變化，掌握伴侶的生活細節，以及清楚對方的居住環境，這樣才能真正融入伴侶的話題，不會產生「聽不懂」的挫折感。

再者，看不見對方也難免會動搖彼此的信任感，這個時候需要對自己精神喊話：「我相信對方的忠誠度、我信任我們的感情基礎」；不過相對的，也不要忽略對方的成長或改變，才能避免漸行漸遠。

要增加雙方感情的黏著度，擁有「共同夢想」和「共同計畫」能夠產生支撐感情的力量，有助於度過小風小浪。同時也別忘了關心對方的身心狀況，盡量避免在身心疲憊的時候討論事情。

一但發生外遇事件，遠距離感情更是會加大想像與疑慮的空間，這個時候，外遇者非常需要有高度的耐心聆聽對方的不安，找出讓受傷者安心的方式，或接納受傷者的提議，凡是可以令受傷者縮小想像空間的方法，都值得試試看，同時做「愛的保證」，盡可能降低受傷者的擔心，才能逐步建立起信任感。

遠距離感情特別需要「感情存款」，除了要記得兩個人的重要時刻、紀念日外，不妨多一點創意，製造難忘的回憶，這樣發生摩擦時才有感情存款可以運用。

31 外遇會對孩子心理造成什麼影響，以及如何降低衝擊

很多外遇者都希望受傷的伴侶不要告知孩子自己外遇的事情，而事實上，**很多外遇事件都是孩子先發現的**，往往是孩子已經看不下去外遇者的行為，或是孩子已經掙扎很久了，才去告訴另一半的。

■外遇者常常忽略自己的行為對孩子造成創傷

有些外遇者會一廂情願認為，自己的感情發展跟孩子無關，自己只有背叛伴侶，沒有背叛孩子，然而諮商的結果卻不是如此，孩子一樣會經歷外遇事件的衝擊，一樣會產生各種身心症狀，以及各種強迫性的偵查行為。

■莫名把情緒發洩在孩子身上

有些外遇者沒有覺察自己在情感出軌的過程中，情緒變得暴躁易怒、焦慮不安，常常莫名地把情緒發洩在孩子身上，甚至對孩子暴力相向，導致孩子有創傷後壓力症候群。

■讓孩子產生高度的分離焦慮

還有些外遇者已經在外面跟第三者另組新的家庭，也孕育了其他小孩，對孩子而言，爸爸被別人搶走了；甚至有些外遇者選擇不告而別，突然有一天再也不來探視孩子，沒有對孩子做任何說明，這樣的做法會讓孩子產生高度的分離焦慮，孩子會覺得爸爸不要我了，爸爸丟下自己不管了，爸爸遺棄自己了。

■孩子被迫進入成人的世界

有些外遇者會在孩子面前跟第三者談情說愛，或是帶著孩子跟第三者約會，甚至在孩子面前進行性愛的行為，孩子被迫進入成人的世界，被迫提前長大，內心會充滿焦慮、擔憂、羞愧、憤怒、徬徨，不知道該怎麼做比較好。

孩子累積大量複雜的情緒，又無法跟別人訴說，有的孩子會對外遇者產生愛恨交織的心理，既愛爸爸或媽媽，但同時也會攻擊爸爸或媽媽，出現很多不禮貌的行為。**也有的孩子潛意識可能會轉成對未來伴侶的敵意**，對未來伴侶產生不友善的態度。

不健全的親子關係，連帶的也可能會讓孩子形成不成熟的人格發展，常常會產生強烈的自卑感和無法勝任感，有的孩子還會出現「性偏差行為」，例如，偷窺或偷拍的行為，對自己的感受多半是極度嫌惡的，既討厭自己的偏好，又控制不了自己的行為。明明知道這樣的行為是不對的，也會對自己的行為感到羞恥，但又忍不住一再複製相同的行為。

■讓孩子的成長歷程蒙上厚厚的陰影

更有不少外遇者會跟第三者預告未來離婚的時間點：「等孩子上大學，我就會離婚，你等我」，看到爸爸或媽媽的外遇承諾，會讓孩子的成長歷程蒙上一層厚厚的陰影，原本值得期待的成長里程碑，卻變成恐懼的來源，深怕這一天的到來，不確定外遇的爸爸或媽媽是否會實現對第三者的諾言。

■允許孩子說出痛苦的感受

外遇者不妨用孩子可以接受的方式，跟孩子好好討論外遇事件，鼓勵孩子說出自己的真實感受，無論是難過、憤怒、困惑、不安，孩子都可以真實面對自己的感受，不需要把痛苦的感覺隱藏起來。

有些孩子因為無法面對外遇者，會選擇「隔離政策」，避免接觸外遇者，這個時候，不少外遇者會認為「孩子遠離自己，不願親近自己」，都是受傷伴侶造成的，而去指責受傷者。

若是外遇者能夠誠實面對自己的行為對孩子的影響，不只能夠立即改變孩子用「隔離政策」來保護自己的心理不受到傷害，孩子也能夠區分外遇事件跟自己無關，而不會產生高度的焦慮。

■潛意識想從別人手中搶回所愛的人

經歷爸爸或媽媽外遇的孩子，不少在潛意識中認定：第三者才是真正被愛的人，才是吸引人、討人喜歡的，也因此，孩子潛意識會想從別人手中搶回所愛的人，長大之後，常會不自覺陷入「三角關係」中，要從另一個人的手中橫刀奪愛，才能感受自己是被愛、被喜歡的，如果愛情裡只有兩個人，沒有奪回的過程，就感覺不到被愛、被在乎、被疼惜。

也有的孩子是從小不斷經歷爸爸或媽媽外遇的過程，以至於對伴侶外遇的容忍度特別高，認為這是感情中必然會發生的，於是默默接受伴侶外遇的事實，讓身心長期忍受被背叛的痛苦與折磨。

■孩子很容易形成「不要親密的禁止訊息」（Don't Be Close）

在諮商過程中常看到，在孩子成長的過程中，若是爸媽很少跟孩子有身體的接觸，或是孩子總是感覺爸媽不在身邊，或是爸媽總處於爭吵狀態忽略孩子的需求，都有可能會讓孩子產生「不要親密的禁止訊息」（Don't Be Close），內心認定「我必須照顧自己」、「沒有人會關心照顧我」；或是形成「不要信任任何人的禁止訊息」（Don't Trust Anyone），對人缺乏信任感，內心常感覺「沒有人可以相信」；或是覺得自己在爸媽心裡「自己一點也不重要」，爸媽隨時可能放棄自己，進而在內心默默寫下「不要愛的禁止訊息」（Don't Love），不斷告訴自己：「關心別人是沒有用的」、「我絕不要結婚」。

這些「禁止訊息」不僅會讓孩子跟別人保持安全的距離，也會讓他們習慣隱藏心事，使周遭的人很難瞭解他們的內心世界。

■有些孩子會產生「不要有歸屬感的禁止訊息」（Don't Belong）

孩子成長過程中不斷聽到「自己跟別人不同的訊息」，像是童年時期因為爸媽感情不穩定，而寄住在祖父母家、親戚家，或是爸媽因此而離婚，周遭就可能有人會說：「好可憐，爸爸媽媽不要你了。」或是「你這麼不聽話，才會爹不疼、娘不愛。」無形中讓孩子產生「不要有歸屬感的禁止訊息」。

如果有「不要有歸屬感的禁止訊息」，在行為上可能會出現漂泊的狀況，很難長時間固定停留在一個團體中，人際關係也大都是「短暫停留」的狀態。長大之後，孩子可能很難長期經營一段穩定的親密關係，情感總是在漂泊，跟所愛的人相處沒多久，就會覺得對方不適合自己，而自動拉遠關係。當他們若即若離，行蹤飄忽不定時，對方也會因為受不了這種不穩定的關係，選擇分手離開，他們又會再度強化「不要有歸屬感的禁止訊息」。

■ 拉近親子關係避免孩子產生大量的「分離焦慮」

有幫助性的做法是，外遇者能夠積極開放的聆聽，傾聽孩子的複雜情緒，不過度自我防衛，不把過錯推給受傷者，也不急著為自己做解釋，體會孩子夾在中間的為難之處，對自己造成孩子的傷害，對自己忽略孩子的感受，好好跟他們道歉，這樣既可以拉近親子關係，更可以瞭解彼此的心理。

這個拉近親子關係的過程，對孩子是很重要的，如果孩子一直以為自己是被遺棄的，很容易讓他們的成長過程產生大量的「分離焦慮」，若沒有適當的處理，就有可能讓孩子逐步形成「邊緣性人格」，影響既深且遠。

療癒手扎

療癒手扎

療癒手札

VIEW 138

從外遇洞察人心：療癒創傷與重建信任

作　　者—林萃芬
主編暨企劃—葉蘭芳
封面設計—FE設計葉馥儀
內頁設計—張靜怡

董事長—趙政岷
出版者—時報文化出版企業股份有限公司
一〇八〇一九臺北市和平西路三段二四〇號三樓
發行專線—（〇二）二三〇六—六八四二
讀者服務專線—〇八〇〇—二三一—七〇五
（〇二）二三〇四—七一〇三
讀者服務傳真—（〇二）二三〇四—六八五八
郵撥—一九三四四七二四時報文化出版公司
信箱—一〇八九九臺北華江橋郵局第九九信箱

時報悅讀網—http://www.readingtimes.com.tw
法律顧問—理律法律事務所　陳長文律師、李念祖律師
印　　刷—勁達印刷有限公司
初版一刷—二〇二四年一月二十六日
定　　價—新臺幣三八〇元
（缺頁或破損的書，請寄回更換）

時報文化出版公司成立於一九七五年，
一九九九年股票上櫃公開發行，二〇〇八年脫離中時集團非屬旺中，
以「尊重智慧與創意的文化事業」為信念。

從外遇洞察人心：療癒創傷與重建信任／林萃芬文. -- 初版. -- 臺北市：時報文化出版企業股份有限公司, 2024.01
264面；14.8×21公分. --（VIEW；138）
ISBN 978-626-374-762-3（平裝）

1. CST：心理創傷　2. CST：心理治療

178.8　　112021185

ISBN 978-626-374-762-3
Printed in Taiwan